KB193442

언어와 문자

: 중국어와 한자

윤창준 지음

어문학사

목 차

I.
언어와 문자

I. 언어와 문자

 우리는 '말'로써 우리의 생각을 표현하고 의사를 전달한다. 그리고 '글'로써 우리의 '말'을 기록한다. 만일 인류에게 '말'과 '글'이 없다면 우리는 어떻게 '생각'할 수 있을까?

 인류의 가장 큰 특징인 '사유'는 인간만이 가진 장점이며, 이는 인류 문명을 발전시켜 온 중요한 토대이다. 그렇다면 우리는 어떻게 '사유'할 수 있을까?

 만일 '말'이 없다면, 그리고 '글'이 없다면 인류의 '생각', 즉 '사유' 역시 불가능하거나 극히 제한적일 수밖에 없었을 것이다. 언어와 문자는 단순히 의사를 표현하고 기록하기 위한 수단이 아니라, 우리가 사유하기 위한 가장 기본적인 토대로서 인류의 출발과 함께해 온 것이라고 할 수 있다. 또한 우리가 어떤 방식으로 '생각'하는가는 우리가 어떤 '말'을 사용하고 어떤 '글'을 쓰는가와도 매우 밀접한 관련이 있다.

 따라서 '언어'와 '문자'의 시작과 변천 과정, 그리고 특징을 명확하게 이해하는 것은 우리가 '사유'하는 체계를 이해하는 데에 도움이 되고, 또한 우리는 이를 통해서 보다 정확하고 효과적으로 '언어'와 '문자'를 사용할 수 있다.

이 책의 중요한 목표는 한국인 중국어 학습자가 어떻게 중국어를 효율적으로 학습할 것인가, 그리고 중국어 학습에서 없어서는 안 되는 한자 학습을 어떻게 할 것인가라는 방법을 찾는 것이다.

이를 위해서 우선 우리는 언어와 문자의 관계에 대해서 다양한 각도에서 살펴보고자 한다. 이 과정이 '말', '글', '생각', 즉 '중국어', '한자', '중국인의 사유 체계'를 이해하는 데 도움이 될 것으로 기대한다.

1. 언어와 문자의 상호 관계

언어와 문자는 서로 밀접하게 연결되어 있지만, 본질적으로 다른 개념이다. 언어는 인간이 소통하기 위한 체계적인 음성 또는 수화 체계이며, 문자는 이를 기록하는 기호 체계이다. 문자는 언어를 보조하는 수단이지만, 모든 언어가 문자를 갖고 있는 것은 아니며, 반면 언어는 문자 없이도 존재할 수 있다.

1) 언어와 문자의 개념

언어와 문자의 상호 관계를 이해하기 앞서, 언어와 문자의 개념을 알아보자.

(1) 언어(Language)란?

인간이 생각을 표현하고 타인과 소통하는 음성적, 시각적, 기호적 체계를 말하며, 말하기(구어, 口語), 듣기, 쓰기, 읽기 등 다양한 방식으로 표현된다.

(2) 문자(Writing System)란?

언어를 기록하기 위한 기호 체계이다. 문자 없이도 언어는 구어로 존재할 수 있으나, 문자는 언어 없이는 존재할 수 없다. 문자의 가장 중요한 기능은 인류의 역사와 문화를 기록하고 보존하는 것이다.

2) 언어와 문자의 기능

(1) 언어를 기록하는 도구: 문자

문자는 언어를 보존하고 전달하는 역할을 하지만, 언어의 필수 요소는 아니다. 즉 구술 문화(Oral Tradition)를 가진 민족 혹은 사회는 문자 없이도 언어를 사용하며, 그들의 문화를 구전하거나 혹은 다른 민족의 문자로 전승한다.

예를 들어 한국어는 한글(훈민정음) 이전에도 존재했으며, 한글 창제 이전에는 한자로 기록하였고, 인도의 산스크리트어는 브라흐미(Brahmi), 데바나가리(Devanagari) 등 여러 문자로 기록되었다. 또한 일부 아프리카 부족어는 문자 없이 구술만으로 전통을 전승하였다.

(2) 언어와 문자의 변화

언어는 시간이 지나면서 발음, 문법, 어휘 등이 변화하지만, 문자는 상대적으로 변화의 폭이 매우 적다. 예를 들어, 영어의 발음 변화(Great Vowel Shift, 대모음추이) 이후에도 알파벳의 철자는 크게 변하지 않았다. 즉 'knight'는 과거에는 [knixt]로 발음되었고, 지금은 [k]가 묵음으로 변하여 [naɪt]로 읽지만 알파벳은 여전히 'knight'로 쓴다. 한자는 상고음, 중고음 시기와 현재의 한자음이 많이 변했지만, 한자의 자형은 변함없이 그대로 사용된다.

(3) 언어에 따른 문자 체계

한 언어가 여러 문자 체계를 사용할 수도 있고, 하나의 문자가 여러 언어에서 사용될 수도 있다. 예를 들어 일본어는 한자와 가나(히라가나, 가타카나)를 같이 사용하고, 중국어는 현재 지역에 따라 번체자(繁體字, 대만·홍콩)와 간체자(簡體字, 중국)가 사용되고 있다. 또 터키어는 과거에 아랍문자로 기록했지만, 1928년 이후에는 로마자를 사용하고 있다.

3) 언어와 문자의 상호작용

인류 최초의 언어의 형태에 대해서는 기록이 없기 때문에 정확히 확정할 수는 없으나, 아마도 초보적인 음성언어였을 것으로 추정된다. 또한 최초의 언어는 그 문명의 발달 정도와 지역적인 차이 등의 원인으로 다양한 형태로 출현했을 것으로 보이며, 이러한 초보적인 음성언어를 기록할 최초의 문자는 그 언어의 특성에 따라 다양한 형태로 처음 출현한 것으로 보인다.

이후 언어는 문자의 영향을 받아 변화·발전해 왔고, 때로는 언어의 영향으로 문자 체계가 변하기도 하였다.

■ 문자로 인한 언어의 변화

문자가 탄생한 후 언어는 규범화되기 시작하였고, 문자 표기법이 정착되면서 지역 간의 방언 차이가 감소되고, 언어의 변화 속도가 느려지게 되었다. 또한 제지술과 인쇄술이 발달하면서 점차 문어체와 구어체의 차이가 커지게 되었다.

■ 언어로 인한 문자 체계의 변화

언어의 변화에 따라 문자 체계가 변형되기도 하는데, 예를 들어 한국어 발음이 변하면서 이러한 발음 변화에 맞춰 한글 맞춤법이 개정되기도 한다.

상술한 바와 같이 문자는 언어를 기록하는 도구이지만, 언어 자체는 문자 없이도 존재할 수 있으며, 언어는 시간이 지나면서 변하지만, 문자는 상대적으로 변화의 폭이 적다. 또한 언어의 유형에 따라 문자의 유형 역시 다르게 발달하며, 언어와 문자는 지속적으로 서로 영향을 주고받는다. 즉 문자가 언어를 통일하거나 변화 속도를 조절하는 역할을 한다. 결론적으로, 언어와 문자는 상호작용하며 발전해 나가는 관계이다.

2. 인류 최초의 언어

인류의 탄생과 함께 언어와 문자는 인류의 발전에 큰 공헌을 하였다. 그렇다면 인류는 언제부터 언어와 문자를 사용했을까? 또 언어와 문자 중에서 무엇이 먼저 탄생했을까? 이 질문은 우리가 언어와 문자의 관계를 다양한 측면에서 이해하는 데 있어서 매우 중요한 의미를 지닌다.

이 질문의 답을 찾기 위해서는 우선 최초의 인류에 대해서 알아야 한다.

최초의 인류에 대한 정의는 다소 복잡하지만, '인류'라는 용어를 '현생인류(Homo sapiens)'로 정의하면, 오늘날의 모든 현대인의 직접적인 조상은 호모 사피엔스(Homo sapiens)라고 할 수 있다. 호모 사피엔스는 약 30만 년 전에 아프리카(특히 동아프리카 대지대)에 등장한 인류로 첫째, 두개골이 크고 둥글며 뇌 용량이 크고 (1,300~1,500cc), 둘째, 도구를 제작하고 언어를 사용했으며, 셋째, 예술적 표현 등의 고급 지적 활동이 가능했을 것으로 추정되고 있다.

여기서 주의할 점은 호모 사피엔스가 이미 언어를 사용했을 것이라는 점이다. 만일 이 내용이 사실이라면 인류는 이미 30만 년 전에 언어를 사용한 것이 된다.

하지만 호모 사피엔스가 사용한 언어를 최초의 언어로 볼 것인가에 대해서는 재고의 여지가 있다. 따라서 인류 최초의 언어에 대해서는 보다 종합적으로 검토해 볼 필요가 있다.

상술했다시피 인류 최초의 언어에 대해서는 명확한 증거가 없어, 학계에서 다양한 이론이 제시되고 있다. 즉 최초의 언어는 구체적인 기록이나 유물로 존재하지 않기 때문에 현 시점에서 그것에 대해 확실하게 알기 어려우며, 주로 추론과 연구를 통한 가설로만 존재한다. 아래는 관련된 주요 이론과 관점이다.

1) 최초의 언어에 대한 이론

(1) 단일 기원 이론(Monogenesis Theory)

'현생인류(Homo sapiens)'가 아프리카에서 기원했듯이 언어 역시 단일 기원에서 시작되었을 가능성을 제시하는 이론이다. 즉 호모 사피엔스가 등장하면서 아프리카 지역에서 언어가 등장했을 것으로 추측한다. 하지만 대다수의 연구는 호모 사피엔스의 언어가 집단 노동을 위한 초보적인 감정 표현 정도의 단순한 '음성언어'였을 것으로 추정한다.

(2) 다중 기원 이론(Polygenesis Theory)

인류가 여러 지역에서 독립적으로 언어를 발달시켰다는 이론으로, 환경과 사회적 요구에 따라 다양한 언어가 여러 지역에서 동시에 등장했을 것이라고 주장한다.

(3) 구어 발달 이론(Speech Evolution Theory)

언어는 동물의 울음소리 등과 같은 단순한 소리를 흉내 내는 것으로부터 시작하여 점진적으로 발전했으며, 인류의 생존과 협력을 위해 언어가 필요했다고 보는 이론이다.

(4) 음성과 몸동작의 결합

음성과 함께 몸동작이 결합되어 초기 형태의 언어가 탄생했다는 이론이며, 이는 인류의 신체적 발달과도 밀접한 관련이 있다.

이외에도 인류의 '후두(목구멍의 발성 기관)'와 뇌가 진화하면서 사유의 방식이 점차 복잡해졌고, 이를 표현하기 위하여 언어 사용이 시작되었다는 주장도 있다.

2) 최초의 언어 형태

최초의 언어가 어떤 형태였는지에 대해서도 여러 가설이 존재한다. 주된 내용을 요약하면 다음과 같다.

(1) 소리와 몸짓 결합(Gesture-Speech Theory)

초기 언어는 몸짓과 단순한 소리가 결합된 형태였을 것으로 추정한다.

(2) 단어 중심 언어

초기 언어는 명사와 동사를 중심으로 발전했을 가능성이 크다. 즉 '물', '나', '가다'와 같이 문장으로 언어가 표출되는 형태가 아니라 명사나 동사를 단순히 내뱉는 수준이었을 것이다.

(3) 의성어 기원설

언어는 동물의 울음소리나 물 소리 등 자연의 소리를 흉내 내면서 시작되었을 것이라는 주장이다.

(4) 사회적 필요 이론

집단 사냥, 도구 제작, 자원 공유 등 인간의 협력이 중요해지면서 언어가 점차 복잡하게 발전하였다는 주장이다.

이상에서 인류 최초의 언어와 최초 언어의 형태에 관한 주된 이론을 간단히 살펴보았으나, 인류 최초의 언어가 언제, 어디서, 어떻게 출현했는가를 특정하기는 거의 불가능하다.

왜냐하면 문자 체계가 발명되기 이전의 언어는 물리적인 증거가 남아 있지 않고, 언어는 시간이 흐름에 따라 끊임없이 변화해 현대 언어를 통해 과거의 언어를 정확히 복원하기 어렵기 때문이다. 또한 문자와 마찬가지로 언어 역시 한 특정 지역에서만 최초로 출현한 것이 아니라 여러 지역에서 독립적으로 발생했을 가능성이 존재하기 때문이다.

따라서 언어는 인간의 신체적 진화, 사회적 요구, 그리고 환경적 요인에 의해 점진적으로 발전했을 가능성이 높다고 할 수 있다.

3. 언어와 문자의 출현 순서

언어는 인간이 자신의 생각과 감정 등을 다른 사람에게 전달하기 위해 사용하는 음성 기반의 의사소통 체계로, 인류의 생존과 사회적 상호작용에서 핵심적인 역할을 했으며, 단순한 소리나 몸짓에서 시작하여 점점 더 복잡한 체계로 발전한 것으로 보인다. 물론 언어는 소리 기반으로 시작되었고, 현재 초기 언어에 대한 구체적인 물리적 증거가 남아 있지 않아서 연구에 한계가 있지만, 오늘날 사용되는 언어는 인류의 초기 언어의 후손이라고 볼 수 있다.

반면 문자는 언어를 시각적으로 기록하기 위한 체계로, 문명과 농업의 발전과 함께 등장했을 것으로 본다. 즉 음성언어를 기록하고 보존하는 도구로 등장한 것이다.

그간의 많은 연구에서도 언어는 인류의 본능적이고 자연스러운 발달 과정에서 탄생했고, 문자는 언어를 보완하기 위한 도구로 만들어진 것으로 본다. 따라서 언어가 문자의 기원보다 훨씬 앞서 존재했으며, 문자는 언어를 더욱 풍부하게 활용하기 위한 인간의 창의적 산물이라고 할 수 있다.

즉 언어는 인간의 생존과 사회적 협력에 필수적이었기 때문에 초기부터 자연스럽게 발생했으며, 문자는 기록과 보존의 필요성이 요구되었던 농경 사회와 도시 문명이 발달한 후에야 출현한 것으로 보인다.

4. 인류 최초의 문자

인류 최초의 문자는 주로 기원전 3000년경에서 1200년경 사이에 등장했으며, 사회적, 경제적, 종교적 필요에 의해 발명되었다. 다음에서 가장 초기에 등장한 문자 체계에 대해 살펴보자.

1) 인류 초기의 문자

(1) 수메르 문명의 쐐기문자(Cuneiform Writing)

기원전 3200년경에 출현한 것으로 보이며, 주로 메소포타미아(현재의 이라크 지역) 문명에서 사용되었다. 점토판에 갈대 펜으로 눌러 쐐기 모양을 만들었는데, 초기에는 주로 곡물, 가축, 물품의 수량을 나타내는 그림문자로 시작되었고, 이후 점차 상징적인 음절 기반의 문자로 발전되었다. 쐐기문자는 주로 경제 거래 기록, 행정 관리, 법률 및 종교적 내용을 기록하는 용도로 쓰였는데, 예를 들어 우르크에서 발견된 점토판에는 곡물의 수량과 교역 내역이 기록되어 있다.

(2) 이집트의 상형문자(Hieroglyphs)

기원전 3100년경에 출현한 것으로 보이며, 고대 이집트 지역에서 사용되었다. 주로 종교적 내용이나 왕실 관련 기록에 사용되었고, 그림과 상징을 결합한 형태로, 사물의 모양을 본떠 그림으로 표현한 문자인데 상징적 의미와 음가(소리)를 함께 담고 있다는 특징이 있다.

이집트 상형문자는 무덤의 장식, 신전을 위한 경전, 파피루스에 기록된 행정 문서에서 쓰였다.

(3) 중국의 갑골문(Oracle Bone Script)

기원전 1200년경에 출현한 것으로 보이며, 중국의 은나라(상나라) 지역에서 사용되었다. 소의 뼈나 거북 복갑(腹甲)에 새겨진 문자로, 그림문자에서 시작하여 점차 상징적이고 간략한 형태로 발전되었다. 현재 사용하는 한자의 기원이 되는 문자 체계이며, 상나라 시기에 왕과 왕실의 중요한 일에 대해서 점친 내용을 기록한 문자이다.

(4) 인더스 문명의 인장 문자(Indus Script)

기원전 2600~1900년경에 출현한 것으로 보이며, 인도와 파키스탄 지역의 하라파 문명에서 사용되었다. 도장 형태로 새겨진 기호와 상징이며, 아직 완벽히 해독되지 않았지만 상업과 종교적 목적으로 사용된 것으로 추정된다.

(5) 크레타 문명의 선문자 A와 B(Linear A & B)

기원전 1800년경에 선문자 A, 기원전 1450년경에 선문자 B가 출현한 것으로 보이며, 에게해 크레타섬 지역에서 사용되었다. 선문자 A는 아직 미해독 상태이나 주로 경제 기록에 사용한 것으로 추정되며, 선문자 B는 초기 그리스어를 기록한 것으로 밝혀졌다. 주로 경제 활동이나 왕실의 일을 기록하였다.

(6) 페니키아문자(Phoenician Alphabet)

기원전 1200년경에 출현하였으며, 페니키아(현재의 레바논, 시리아 일대)에서 사용되었다. 세계 최초의 알파벳 문자 체계라고 인정되며 이후 그리스문자와 라틴문자로 발전되었다. 자음 중심의 문자로서 단순하고 실용적인 형태의 문자이며, 주로 상업 기록과 교역 활동을 기록하는 데 사용되었다.

(7) 마야 문명의 마야 문자(Maya Script)

기원전 3세기경에 출현하였으며 중앙아메리카 일대에서 사용되었다. 그림문자와 음절문자를 조합한 형태로 주로 수학, 천문학, 종교적 내용을 기록하였다.

(8) 엘람 문자(Elamite Script)

기원전 3,000년경에 출현하였으며 이란 일대의 고원 지역에서 사용되었다. 초기에는 그림문자로 등장했으나 이후 음절문자로 발전하였다. 주로 메소포타미아와의 교역에서 사용한 것으로 추정된다.

이상의 초기 문자의 공통점은 경제 활동, 행정 관리, 종교 의식과 같은 실용적인 사회적 필요를 충족하기 위해 사용하였다는 점과 사물의 그림에서 시작하여 점차 추상적 기호와 음절로 발전하였다는 점이다.

이상과 같이 인류 최초의 문자는 여러 지역의 각 문명에서 독립적으로 발생했으며, 실용적이고 구체적인 필요를 충족시키기 위해 발달하였다. 이후 시간이 지나면서 문자 체계는 더 복잡하고 정교해졌으며, 오늘날의 다양한 문자 체계로 발전되었다.

2) 인류 최초의 문자의 용도

앞에서 "언어는 인간의 생존과 사회적 협력에 필수적이었기 때문에 초기부터 자연스럽게 발생했으며, 문자는 기록과 보존의 필요성이 요구되었던 농경 사회와 도시 문명이 발달한 후에야 출현한 것으로 보인다."라고 했다. 그렇다면 우리는 언어와 문자의 관계를 보다 명확히 이해하기 위하여 초기 문자가 어떤 용도로 사용되었는가를 살펴야 한다. 이는 인류가 처음 문자를 발명하게 된 원인과 배경을 설명해 줄 수 있기 때문이다.

지금까지 밝혀진 연구 결과는 인류 최초의 문자가 주로 경제적, 행정적, 종교적 목적을 위해 사용되었다고 말한다. 초기 문자는 복잡한 표현보다는 간단하고 실용적인 정보를 전달하는 데 집중되었으며, 사회 조직과 경제 활동을 지원하는 데 중요한 역할을 한 것이다. 초기 문자의 용도를 정리하면 아래와 같다.

(1) 경제적 기록

■ 재산 관리

재산 관리를 위하여 곡물, 가축, 물품의 수량이나 종류를 기록하였다.

예) 저장된 곡식의 양, 거래된 물품, 세금 납부 현황

■ 교역 및 거래

교환된 물품과 교역 상대를 기록하였다.

예) 바빌로니아의 점토판에는 상품과 가격이 기록됨.

■ 계약 및 약속

소유권, 계약 조건, 대출 등의 내용을 명시하였다.

(2) 행정 기록

■ 세금 및 공납

국가나 지역 행정 체계에서 수집된 세금이나 공납 내용을 기록하였다.

예) 고대 이집트의 파피루스에는 세금 납부 기록이 남아 있음.

■ 법률과 명령

법률 조항이나 왕의 명령을 기록하였다.

예) 메소포타미아의 함무라비 법전

■ 인구 조사

특정 지역에 거주하는 인구수를 파악하기 위해 사용하였다.

(3) 종교적 기록

■ 제의와 의식

종교 의식, 제사 과정, 신을 위한 기도문을 기록하였다.

예) 이집트의 피라미드 문서에 사후 세계를 위한 지침이 기록됨.

■ 예언과 점술

천체의 움직임이나 점성술과 관련된 내용을 기록하였다.

예) 갑골문에는 점복 결과가 자주 기록됨.

■ 신의 이름과 신화

신들의 업적, 기원, 그리고 인간과의 관계를 기록하였다.

(4) 역사적 사건

■ 왕조와 전쟁

통치자의 업적이나 전쟁의 결과를 기록하였다.

예) 수메르 점토판에는 왕들의 목록이 포함됨.

■ 기념비적 사건

건축물 완공, 승리 기념 등을 기록하였다.

이처럼 인류 초기의 문자는 실용적인 이유로 만들어진 것으로 보인다. 즉 인류가 시작된 이후, 사회가 점차 복잡하게 발전하자 사회를 유지할 조직과 행정이 필요해졌고, 이를 위하여 정보를 저장하고 전달하기 위해 '기억의 보조 도구'로서의 '문자'가 필요해진 것이다.

즉 인류 초기의 문자는 지금처럼 예술적, 철학적, 문학적 용도로 시작된 것이 아니라 생존과 사회 조직을 유지하기 위한 실용적인 목적을 중심으로 발전했으며, 이는 경제, 행정, 종교적인 필요를 반영한 것이다.

5. 언어와 문자의 차이

언어와 문자는 서로 밀접하게 연결되어 있지만, 본질적으로 다른 체계이다.

즉 언어는 인간이 소리와 구조를 통해 의사를 소통하는 자연적인 체계로 말하기, 듣기, 몸짓 등을 포함하며, 본능적이고 직관적으로 학습된다. 반면 문자는 언어를 시각적으로 표현하여 정보를 기록하고 전달하는 인공적인 기호 체계로, 읽기와 쓰기 기술을 통해 사용된다.

언어와 문자의 차이를 정리하자면 아래와 같다.

1) 언어와 문자의 상호작용

■ 문자는 언어를 기록하고 전달

문자는 언어의 소리, 단어, 문법 등을 시각적으로 표현하여 정보를 기록하고 전달하며, 의사소통의 범위를 확장한다.

예) 고대 메소포타미아의 쐐기문자, 이집트의 상형문자는 해당 사회의 언어를 기록하는 수단으로 사용되었다.

■ 문자는 언어를 보존

문자는 언어가 사라지더라도 기록물을 통해 언어의 구조와 내용을 다음 세대로 전달한다.

예) 고대 수메르어와 같은 사라진 언어는 문자 기록을 통해 그 흔적을 연구할 수 있다.

■ 문자를 통한 언어의 표준화

문자 사용은 언어의 규칙과 문법을 정리하고, 의사소통의 일관성을 높이는 데 기여한다.

예) 한글 창제는 한국어의 표준화와 효율성을 크게 발전시켰다.

■ 문자는 언어의 일부 요소를 제한

억양, 감정, 강세 같은 구두 언어의 미묘한 요소들은 문자로 온전히 표현되지 않을 때가 많다.

이상의 내용을 정리하면 아래와 같다.

언어	문자
음성적·구두적 체계	시각적·기록적 체계
자연적으로 진화	의도적으로 발명
모든 인간이 습득 가능	학습이 필요
일시적이고 동적	영구적이고 정적

2) 언어와 문자의 특수 관계

문자는 언어에 의존한다. 즉 모든 문자는 특정 언어를 기반으로 만들어졌다. 따라서 문자는 언어를 전달하는 수단이기 때문에 독립적으로 사용되지는 않는다. 즉 문자는 언어 없이 존재할 수 없지만, 언어는 문자 없이도 존재할 수 있다.

대신 문자는 사회적, 역사적, 종교적 문화를 기록하고 전파하는 중요한 도구로서, 오래된 종교 경전, 역사 기록, 문학작품 등은 문자 기록으로 인해 오랜 시간 동안 보존될 수 있었다.

결론적으로 언어는 일상적인 의사소통을 가능하게 하는 기본 수단이고, 문자는 이를 보완하여 기록과 전달의 영역을 확장하는 도구이다. 또한 언어와 문자는 서로 다른 두 개의 독립적인 체계이지만, 상호작용을 통하여 인류의 문명과 문화 발전에 중요한 역할을 해 온 것이라고 할 수 있다.

6. 언어의 진화·발전

초기 언어와 현재의 언어는 구조, 기능, 복잡성, 표현 방식 등에서 많은 차이가 있다. 인류의 언어는 시간이 지나면서 점차 진화하며 사회적, 문화적, 기술적 변화에 적응해 왔다. 초기 언어는 매우 단순한 형식이었을 것으로 추정되며, 현재의 언어는 이를 기반으로 발전하여 더욱 복잡하고 다양한 기능을 갖추게 된 것으로 보인다.

1) 초기 언어의 특징

초기 언어는 인류가 기본적인 의사소통을 위해 사용한 단순하고 간단한 음성 체계였을 것으로 추정된다.

■ 단순한 구조

초기 언어는 단어 수가 적고, 문장 구조가 단순했을 가능성이 크며, 단어 하나가 여러 의미(다의어)를 가졌을 것으로 추정된다.

■ 구체적이고 직관적인 표현

주변 환경과 생존에 필요한 구체적 상황(사냥, 위험, 음식 등)을 중심으로 발달했을 것으로 추정된다. 즉 사물을 가리키거나, 위험을 경고하거나, 도움을 요청하는 단어 중심의 표현이 주가 되었을 것이다.

■ 비언어적 요소와의 결합

음성과 함께 제스처, 몸짓, 표정 등 비언어적 요소가 의사소통에서 큰 비중을 차지했을 것으로 추정된다.

■ 추론과 맥락 의존성

단어와 문장이 부족했기 때문에 맥락에 따라 의미를 추론했을 가능성이 높다.

2) 현대 언어의 특징

현대 언어는 전 세계적으로 약 7천 개 이상 존재하며, 구조와 표현이 매우 정교하고 다양하다. 주요 특징을 정리하면 아래와 같다.

■ 복잡한 문법 체계

어순, 시제, 성(性), 수(數), 격 등을 포함한 체계적인 문법을 갖춘다.
예) 영어의 시제 표현(현재, 과거, 미래)과 한국어의 존댓말 체계

■ 추상적이고 정교한 표현

철학, 과학, 예술 등 추상적인 개념을 표현할 수 있다.
예) '민주주의', '양자역학', '사랑'

■ 어휘의 방대함

단어의 수가 매우 많으며, 새로운 단어가 계속 생성된다.
예) 사회 변화에 따른 신조어의 출현

■ 글자와 음성의 연결

대부분의 언어는 문자를 통해 기록되며, 이는 언어의 표준화와 보존에 기여하였다.

■ 사회적 기능 확장

현대 언어는 정보 전달뿐 아니라 감정 표현, 설득, 정치적 도구 등
으로 사용된다.

3) 초기 언어와 현대 언어의 주요 차이점

구분	초기 언어	현재 언어
어휘	제한적, 생존 중심 (자연, 사냥, 위험 등)	방대하고 추상적 (과학, 철학, 문화 등 포함)
문법	단순하거나 거의 없음	체계적이고 복잡 (시제, 성, 격, 수 등)
표현력	구체적이고 직관적인 상황 묘사	추상적, 논리적, 정서적 표현 가능
비언어적 요소	의존도 높음	보조적 역할
표준화	없음 또는 지역마다 다름	표준어와 공용어 존재
기록성	구어 중심, 기록 불가능	문자 발명으로 기록과 보존 가능

4) 언어의 진화·발전의 배경

(1) 의사소통의 필요성 증가

인구가 증가하고 협업의 필요성이 증대되면서 사회 조직 역시 매우
복잡한 양상으로 발달하였고 언어 역시 복잡해졌다. 즉 초기 언어는
단순히 생존과 관련된 정보를 전달하는 기능을 하였으나, 이후 점차
인류 문명이 발달하면서 문화, 철학, 과학 등 보다 복잡하고 상세한 정
보를 전달해야 할 필요성이 증가하였다.

(2) 문자의 발명

언어를 기록하기 위한 문자가 등장하면서 언어의 발전 역시 가속화되었다. 또한 초기 문자는 물리적인 정보를 전달하는 것(상형문자)이 위주였으나 점차 음성을 반영하는 문자로 진화되어 왔다.

(3) 사회적 기능 확대

집단 내 의사소통에서 집단 간 소통(무역, 외교)으로 언어의 기능이 확장되어, 단순한 정보 전달뿐 아니라 설득, 감정 표현, 예술적 창작 등 다양한 기능을 수행하게 되었다.

5) 현대 언어의 주요 어족(Family)과 특징

현재 사용되는 언어는 약 7천여 종으로 추정되며, 언어의 근원에 따라 어족(Family)으로 분류하는 것이 일반적이다.

(1) 인도유럽어족

굴절어 중심

사용 지역: 유럽, 남아시아, 북·남아메리카, 오세아니아

특징: - 세계에서 가장 널리 퍼진 어족

- 복잡한 문법적 형태 변화를 가진 문법 구조

주요 언어: 영어, 스페인어, 힌디어, 러시아어, 프랑스어, 독일어

(2) 중국티베트어족

고립어 중심

사용 지역: 동아시아, 동남아시아

특징: - 성조(소리의 높낮이를 통해 단어 의미 구별)가 중요한 역할

- 문법 구조가 비교적 단순하며, 단어의 변화 없이 어순으로

의미를 구별

주요 언어: 중국어, 티베트어, 버마어

(3) 알타이어족(논쟁 중인 가설)

교착어 중심

사용 지역: 중앙아시아, 동아시아, 북동 유럽

특징: - 접사를 통해 문법적 관계를 표현

- 주어-목적어-동사(SOV) 어순 사용

주요 언어: 한국어, 일본어, 터키어, 몽골어

(4) 아프리카어족

사용 지역: 사하라 사막 이남 아프리카

특징: - 다양한 어족으로 세분화: 반투어군, 코이산어군 등

- 음운 체계가 풍부하고 클릭 소리를 사용하는 언어 포함

주요 언어: 스와힐리어, 줄루어, 하우사어

(5) 오스트로네시아어족

사용 지역: 동남아시아, 태평양 섬, 마다가스카르

특징: - 해양 문화와 밀접한 관련

- 규칙적인 문법 체계와 단순한 음운 체계

주요 언어: 타갈로그어(필리핀), 말레이어, 하와이어

(6) 드라비다어족

사용 지역: 인도 남부와 스리랑카

특징: 풍부한 어휘와 복잡한 문법 구조

주요 언어: 타밀어, 텔루구어, 칸나다어

6) 현대 언어의 종류 및 사용자

현재 세계에서 사용 중인 언어는 약 7천여 개로 추정되며, 사용 인구와 특징은 각 언어마다 다르다. 아래는 주요 언어의 특징과 사용하는 사람 수에 대한 내용을 정리한 것이다.

(1) 중국어(Mandarin Chinese)

사용 인구: 약 10억 명 이상(모국어 화자)

사용 지역: 중국, 대만, 싱가포르 등

특징: - 세계에서 모국어 화자가 가장 많음

- 성조 언어로, 높낮이에 따라 단어 의미가 달라짐

- 표의문자인 한자를 사용하며, 음운 변화가 적음

(2) 스페인어(Spanish)

사용 인구: 약 5억 명

사용 지역: 스페인, 중남미 대부분, 미국 일부 지역

특징: - 인도유럽어족 로망스어군에 속함

     - 규칙적인 문법 구조를 가졌으며 발음이 비교적 쉬움

     - 단일 언어로 중남미에서 가장 널리 사용됨

(3) 영어(English)

사용 인구: 약 4억 명(모국어 화자)

사용 지역: 전 세계, 특히 미국, 영국, 호주, 캐나다 등

특징: - 인도유럽어족 게르만어군에 속함

     - 국제 비즈니스, 과학, 인터넷에서 가장 중요한 언어

     - 철자가 복잡하며 발음 규칙이 있음

     - 전 세계에서 약 20억 명이 외국어로 사용

(4) 힌디어(Hindi)

사용 인구: 약 6억 명 이상

사용 지역: 인도, 네팔 일부 지역

특징: - 인도유럽어족 인도아리아어파에 속함

- 데바나가리문자로 표기

- 산스크리트어에서 유래된 어휘와 문법

(5) 아랍어(Arabic)

사용 인구: 약 3억 명 이상

사용 지역: 중동, 북아프리카, 이슬람권

특징: - 아프로아시아어족 셈어파에 속함

- 오른쪽에서 왼쪽으로 쓰는 문자 사용

- 종교적 중요성(코란의 언어)

(6) 프랑스어(French)

사용 인구: 약 2억 8천만 명

사용 지역: 프랑스, 아프리카 일부 국가, 캐나다 퀘벡, 벨기에

특징: - 로망스어군에 속하며, 국제 외교 언어로 사용

- 알파벳 사용, 복잡한 문법 체계

(7) 한국어(Korean)

사용 인구: 약 8천만 명

사용 지역: 한국, 북한, 중국 일부, 일본 일부

특징: - 알타이어족 가설에 포함되나 고립어로 보는 견해도 있음

- 고유의 문자 체계인 한글 사용

- 교착어로, 조사와 어미 변화가 문법적 역할을 결정

(8) 일본어(Japanese)

사용 인구: 약 1억 2천만 명

사용 지역: 일본

특징: - 알타이어족 가설에 포함되기도 하나, 독립적 기원으로 간주

　　　- 한자와 히라가나, 가타카나 혼합 사용

　　　- SOV(주어-목적어-동사) 어순

현재 약 7천여 종의 언어 중에서 약 100개의 언어가 전 세계 인구의 90% 이상에 의해 사용되고 있는데, 가장 많이 사용되는 10개 언어는 중국어, 스페인어, 영어, 힌디어, 아랍어, 벵골어, 포르투갈어, 러시아어, 일본어, 한국어이다.

약 7천여 종의 언어 중에서 약 40%의 언어는 화자가 천 명 미만인데, 급격한 글로벌화와 경제적 이유로 영어, 중국어, 스페인어 등 주요 언어의 사용이 늘어나는 반면, 소수 언어는 점차 사용이 줄어 들고 있다. 특히 약 3천여 개의 소수 언어는 곧 소멸될 위치에 처해 있기 때문에 소수 언어 보존을 위한 노력이 필요한 실정이다.

현재 사용되는 주요 언어의 특징을 몇 가지 기준으로 분류하면 아래와 같다.

(1) 문자 체계

알파벳 기반: 영어, 스페인어, 독일어

표의문자: 중국어(한자)

음절문자: 일본어(히라가나, 가타카나)

혼합 체계: 한국어(한글+한자)

(2) 음운적 특징

성조 언어: 중국어, 베트남어

비성조 언어: 영어, 스페인어, 한국어

(3) 문법적 특징

교착어: 한국어, 일본어, 터키어

굴절어: 라틴어, 독일어

고립어: 중국어, 베트남어

위에서 살펴본 바대로 주요 언어는 글로벌화와 경제적 이유로 점점 확산되고 있지만, 소수 언어는 곧 사라질 위기에 처해 있어 보존 노력이 필요하다. 왜냐하면 언어의 다양성은 인류의 지식과 문화를 풍부하게 하는 중요한 자산이기 때문이다.

7. 현대 문자의 종류 및 특징

전 세계의 언어 중에서 문자가 있는 언어와 문자가 없는 언어를 정확히 구분하는 것은 어렵지만, 문자 체계의 발달과 언어의 사용 방식 및 언어학적 연구와 데이터를 바탕으로 대략적인 추정은 가능하다.

유네스코 및 언어학 연구를 기반으로 추정하면, 현재 세계에는 약 7천여 개의 언어가 존재하며, 이 중 문자가 있는 언어는 약 4천 개, 문자가 없는 언어는 약 3천 개이다.

그렇다면 왜 일부 언어는 문자가 없을까?

이는 아마도 문자의 필요성이 적었기 때문으로 추정된다. 즉 문자가 발달하기 위해서는 기록과 소통의 필요성이 커야 하지만, 소규모 공동체에서는 구술 전통이 충분히 효과적이었기 때문에 문자가 발달하지 않았다.

또한 문자가 있는 언어는 보통 국가 체계, 종교, 경제 활동이 발달한 사회에서 나타나는데, 소규모 공동체나 유목민 사회에서는 문자화가 이루어지지 않은 경우가 많다. 그리고 이런 소규모 공동체는 외부 사회와의 접촉이 적은 고립된 공동체인 경우가 대다수이다.

이처럼 현재 세계에서 사용하는 약 7천여 개의 언어 중에서 4천여 개의 언어는 문자로 언어를 기록하고 있는데, 그렇다고 해서 문자의 종류가 4천어 개라는 뜻은 아니다.

현재 세계에서 사용 중인 문자는 대략 300여 개로 추정되며, 각 문자마다 독특한 특징을 가지고 있다. 주요 문자 체계와 특징을 정리하면 다음과 같다.

1) 알파벳 문자

■ 라틴문자(Latin Alphabet)

사용 인구: 약 45억 명

사용 언어: 영어, 스페인어, 프랑스어, 독일어 등 100개 이상의 언어

특징: - 26개의 기본 문자로 구성(대문자와 소문자)

      - 표음문자로, 소리를 기반으로 단어를 표기

      - 가장 널리 사용되는 문자 체계

■ 키릴문자(Cyrillic Alphabet)

사용 인구: 약 3억 명

사용 언어: 러시아어, 우크라이나어, 불가리아어 등 약 50개 언어

특징: - 슬라브어족 언어에 사용

      - 라틴문자와 비슷하지만, 추가 문자와 변형이 있음

■ 그리스문자(Greek Alphabet)

사용 인구: 약 1천만 명

사용 언어: 그리스어

특징: - 서양 알파벳의 기원

    - 수학, 과학 기호로도 널리 사용

2) 표의문자

■ 한자(Chinese Characters)

사용 인구: 약 15억 명

사용 언어: 중국어, 일본어(일부), 한국어(전통적 사용), 베트남어

    (과거)

특징: - 음이 아닌 의미를 표현

    - 한자마다 고유의 의미를 지님

■ 가나 문자(Kana)

사용 인구: 약 1억 2천만 명

사용 언어: 일본어

특징: - 한자와 함께 사용

    - 음절문자(히라가나, 가타카나)

3) 음절문자

■ 데바나가리문자(Devanagari)

사용 인구: 약 6억 명

사용 언어: 힌디어, 산스크리트어, 마라티어 등

특징: - 인도아리아어파 언어에 사용

　　　 - 자음과 모음의 결합 형태로 구성

■ 체로키문자(Cherokee Syllabary)

사용 인구: 약 2만 명

사용 언어: 체로키어

특징: 북미 원주민 언어의 독자적 문자 체계

4) 아브자드(Abjad) 문자

■ 아랍문자(Arabic Alphabet)

사용 인구: 약 4억 명

사용 언어: 아랍어, 페르시아어, 우르두어 등

특징: - 오른쪽에서 왼쪽으로 씀

　　　 - 자음 중심

■ 히브리문자(Hebrew Alphabet)

사용 인구: 약 1천만 명

사용 언어: 히브리어

특징: - 성서 언어로도 사용

　　　 - 자음 중심의 문자 체계

5) 혼합 문자

■ 한글(Hangul)

사용 인구: 약 8천만 명

사용 언어: 한국어

특징: - 자음과 모음을 조합해 음절을 형성

      - 과학적이고 체계적인 문자로 평가받음

■ 한자-가나 혼용

사용 인구: 약 1억 2천만 명

사용 언어: 일본어

특징: 한자(의미)와 가나(소리)를 결합해 사용

6) 기타 문자

■ 몽골문자

사용 인구: 약 600만 명

사용 언어: 몽골어

특징: 위에서 아래로 쓰는 독특한 형식

■ 타밀 문자

사용 인구: 약 7천만 명

사용 언어: 타밀어

특징: - 남인도와 스리랑카에서 사용

　　　 - 고대 드라비다어족 문자 중 하나

이처럼 문자는 언어의 소리, 의미, 문법적 구조를 시각적으로 표현하는 수단이며, 지역적 특성과 역사적 배경에 따라 다양한 형태를 보이고 있다.

8. 표의문자와 표음문자

인류 최초의 언어가 어떤 형태였는가는 지금으로서는 단정할 수 없다. 다만 언어의 출현 이후 오랜 기간이 흐른 뒤 문자가 탄생하였고, 문자의 특성이 다시 언어에 영향을 준 것은 확실하다. 또한 어떤 문자를 사용했고, 그래서 그 언어가 문자의 영향을 받아 어떻게 발전하였는가는 결국 그 언어와 문자를 사용하는 사람들의 '사유'의 방식을 설명해 줄 수 있다.

따라서 문자의 특성을 살피는 것은 그 문자를 사용하는 언어의 특징을 반영해 주고, 결국은 그 문자와 언어를 사용하는 사람들의 사유 방식을 살피는 것이라고 할 수 있다.

다음에서는 가장 대표적인 두 형태의 문자, 표음문자와 표의문자를 비교·분석하여, 왜 이렇게 서로 다른 방식의 문자가 탄생하였고 사용되었는가를 알아보기로 한다. 왜냐하면 표의문자와 표음문자는 언어를 시각적으로 표현하는 방식에서 본질적인 차이를 가지고 있으며, 이러한 차이는 인간의 사유 방식과 문화적 특징에 영향을 미치기 때문이다.

1) 표의문자와 표음문자의 정의

■ 표의문자(Logographic Writing)

정의: 하나의 문자가 단어나 의미(의미론적 단위)를 나타내는 문자
　　　체계

예) 한자(중국어, 일본어), 고대 이집트 상형문자

특징: - 문자의 형태와 의미가 밀접하게 연결

　　　- 발음은 문자의 본질적 요소가 아님

　　　- 문자 수가 많고, 학습에 시간이 오래 걸림

예) '木'은 나무를 뜻하며, 언어와 관계없이 나무의 이미지를 연상

■ 표음문자(Phonographic Writing)

정의: 언어의 소리(음소, 음절)를 기록하는 문자

　　　① 음소문자(Alphabetic Writing): 하나의 기호가 하나의 음
　　　소(자음·모음)를 나타냄

　　　예) 한글, 로마자, 키릴문자, 그리스문자

② 음절문자(Syllable Writing): 하나의 기호가 한 음절을 나타냄

예) 일본어 가나(ひ, し, か 등), 체로키문자

특징: - 문자와 음운이 직접 연결

- 상대적으로 적은 수의 문자로 다양한 단어 표현 가능

- 문자 자체가 의미를 가지지 않고, 소리와 조합을 통해 의미 생성

예) 'tree'는 나무를 뜻하지만, 단어 자체로는 소리만 나타냄

2) 표의문자와 표음문자의 주요 차이

구분	표의문자	표음문자
표현 방식	의미 중심	소리 중심
문자 수	매우 많음(수천~수만 개)	적음(20~50개 정도)
학습 난도	높음	낮음
읽기 방식	의미 파악→발음 유추	소리 파악→의미 해석
문화적 특징	직관적, 전체적 이해 강조	분석적, 조합적 이해 강조

이상의 차이는 결국 표의문자와 표음문자를 사용하는 사람들의 사유 방식에도 영향을 미친다. 간단히 정리하면 다음과 같다.

- 시각적 연상과 직관: 문자의 형태와 실제 사물 간의 연관성을 바탕으로 이해할 수 있다.

예) '山'은 산의 모습을 본떠 만들어져 시각적 연상으로 바로

이해 가능

- 구체적이고 맥락 의존적 사고: 문자가 복잡한 사회적·문화적 맥락을 담고 있어, 언어 사용자들은 맥락적 사고를 중시하여야 한다. 이는 중국의 철학(예: 유교, 도교)과 같은 관계 중심적 사고의 형성에 영향을 미쳤다.

■ 표음문자: 분석적·조합적 사고

- 소리 중심적 사고: 표음문자는 개별 소리를 조합하여 단어를 형성하므로, 사용자는 언어를 분석적이고 조합적으로 이해한다. 예) 영어의 'c-a-t'는 개별 음소를 결합해 'cat'의 발음을 만들어냄.
- 추상적이고 창의적인 사고: 표음문자는 발음과 의미 간에 직접적인 연결이 없으므로, 사용자는 더 추상적이고 창의적인 방식으로 언어를 구성한다. 이는 서구 철학(예: 논리학, 형이상학)에서 보이는 분석적 사고와 연관이 깊다.
- 효율적 의사소통: 간단한 문자 체계로 복잡한 개념 표현이 가능하다. 따라서 분석적 사고를 통해 새로운 단어와 개념을 효율적으로 창출한다.

이처럼 표의문자는 의미를 중심으로 언어와 사고의 관계를 이해하게 하였고, 표음문자는 의미가 단어 자체에서 직관적으로 드러나지 않

기 때문에 소리를 중심으로 언어와 사고의 관계를 이해하는 방향으로
발전해 왔다.

즉 표의문자와 표음문자는 각각 의미 중심적 사고와 소리 중심적
사고를 강조하며, 인간의 사유 방식에 차이를 가져왔다. 표의문자는
직관적·전체적 사고를, 표음문자는 분석적·조합적 사고를 촉진하는
데, 이 차이는 문화적 특성과 사고방식에도 반영되며, 서로 다른 언어
와 문화를 형성하는 데 중요한 역할을 하였다.

◈ 주요 문자의 매력 ◈

1. 라틴문자(Latin Alphabet)

언어: 영어, 프랑스어, 스페인어, 포르투갈어 등

예시: "Hello, World!"

알파벳: A B C D E F G H I J K L M N O P Q R S T U V
W X Y Z

2. 데바나가리문자(Devanagari Script)

언어: 힌디어, 산스크리트어, 마라티어 등

예시: "नमस्ते"(Namaste, 안녕하세요)

모음: अ आ इ ई उ ऊ ए ऐ ओ औ

자음: क ख ग घ च छ ज झ ट ठ ड ढ

3. 아랍문자(Arabic Script)

언어: 아랍어, 페르시아어, 우르두어 등

예시: "السلام عليكم"(As-salamu alaykum, 안녕하세요)

기본 자음: ا ب ت ث ج ح خ د ذ ر ز س ش ص ض ط ظ ع غ ف ق
ك ل م ن ه و ي

특징: 오른쪽에서 왼쪽으로 읽음

4. 벵골어 문자(Bengali Script)

언어: 벵골어, 아삼어 등

예시: "হ্যালো"(Hyālō, 안녕하세요)

모음: অ আ ই ঈ উ ঊ এ ঐ ও ঔ

자음: ক খ গ ঘ ঙ চ ছ জ ঝ ঞ

5. 키릴문자(Cyrillic Script)

언어: 러시아어, 우크라이나어, 불가리아어 등

예시: "Привет"(privet, 안녕하세요)

알파벳: А Б В Г Д Е Ё Ж З И Й К Л М Н О П Р С Т
У Ф Х Ц Ч Ш Щ Ъ Ы Ь Э Ю Я

II.
중국어의 특징

II. 중국어의 특징

    중국어는 지금 영어와 함께 전 세계에서 가장 많이 사용되는 언어
이다. 중국 본토에서는 중국의 공식 언어로서 약 12억 명 이상의 사람
들이 중국어를 사용하고, 대만에서는 약 2,300만 명이 표준 중국어를
사용한다. 싱가포르에서는 중국어가 공식 언어 중 하나이며, 약 70%
의 인구가 중국어를 사용하고 있다. 이외에도 중국어를 사용하는 인구
는 전 세계적으로 매우 넓게 퍼져 있으며, 특히 동남아시아, 북미, 유
럽 등지에 많은 중국어 사용자가 있다.

    그렇다면 중국어의 특징은 무엇인가? 지금부터 중국어의 특징에
대해서 살펴보기로 한다.

1. 언어학적 특징

현대 중국어의 언어학적 특징은 그 독특한 구조와 사용 방식에서

잘 드러난다. 이 특징들은 음운론, 형태론, 통사론, 의미론, 어휘론 등 언어학의 다양한 영역에서 아래와 같이 나타난다.

1) 음운론적 특징

(1) 성조 언어(tone language)

중국어는 성조를 사용하는 언어로, 성조의 변화에 따라 단어의 의미가 달라지는데, 표준 중국어에는 4개의 기본 성조와 경성이 있다.

예) - mā 1성(妈, 엄마)

　　- má 2성(麻, 삼)

　　- mǎ 3성(马, 말)

　　- mà 4성(骂, 꾸짖다)

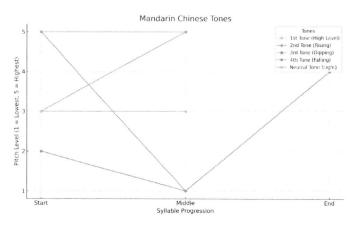

성조 시각화 그래프

위 그래프는 중국어 성조를 음높이 변화에 따라 시각적으로 표현한 것으로, 각 선은 성조의 음높이 변화를 나타낸다.

1성(High Level): 일정하게 높은 음을 유지함(5→5)

2성(Rising): 중간 음에서 높은 음으로 상승(3→5)

3성(Dipping): 낮은 음으로 떨어졌다가 다시 상승(2→1→4)

4성(Falling): 높은 음에서 낮은 음으로 급격히 하강(5→1)

이 외에 경성(轻声, Neutral Tone)이 있는데, 경성은 성조 없이 가볍고 짧게 발음한다. 앞 글자의 성조에 따라 음높이가 달라지며, 별도의 성조 표시는 하지 않는다.

妈妈(māma) → 엄마

好吧(hǎo·ba) → 좋아

경성은 문법적인 요소(조사, 어미 등)에서 주로 사용되며, 문장의 리듬을 조정하는 역할을 하여 발음을 보다 편하게 해준다.

중국어에서는 동일한 음절이라도 성조가 바뀌면 의미 또한 완전히 달라지기 때문에, 성조는 중국어 학습에서 매우 중요한 학습 요소이다.

(2) 음절 구조: 단음절어(monosyllabic-language)

중국어의 음절은 [성모]+[운모]+[성조]로 구성된다.

예를 들면

mā: (성모 m+운모 a+성조 1성)

모든 한자는 하나의 음절로 구성되며, 한 음절의 한자는 모두 고유의 의미를 지닌다. 즉 하나의 음절이 단어의 기본 단위로 사용되는데, 이를 단음절어라고 한다.

성모(声母)와 운모(韵母)는 중국어 음운 체계의 핵심 구성 요소로, 성모는 음절의 초성(자음)에 해당하며 운모는 음절의 나머지 부분(모음과 종성)에 해당된다. 성모는 총 21개이고 운모는 39개이다.

(3) 동음이의어

현대 중국어는 음절의 수가 적어서 동음이의어가 많다.

한국어와 비교해 보면, 한국어의 음절은 자음(초성)+모음(중성)+(받침 자음, 종성)으로 구성되는데, 초성은 19개(ㄱ, ㄴ, ㄷ, … ㅎ), 중성은 21개(ㅏ, ㅑ, ㅓ, … ㅢ), 종성은 27개(없음 포함, ㄱ, ㄴ, ㄷ, … ㅎ)이다.

이론적으로 가능한 한국어의 음절 수는 10,773개(초성[19]×중성[21]×종성[27])이며, 이 중 일부 음절은 실제 언어에서는 사용되지 않으므로, 국립국어원의 조사에 따르면 실제로 사용되는 한국어의 음절

수는 약 2,400~2,500개이다.

반면에 중국어의 음절은 성모(초성)+운모(모음)+성조로 구성되는데, 성모는 21개(b, p, m, f, d, t 등), 운모는 35개(a, o, e, i, u 등)이다.

이론적으로 가능한 중국어의 음절 수는 735개(성모[21]×운모[35])에 불과하기 때문에 동음이의어가 많을 수밖에 없으며, 다양한 소리(의성어, 의태어, 감탄어 등)나 외래어를 표기하기가 매우 불편하다.

물론 현대 중국어는 성조를 사용하므로, 동일한 음절이라도 성조가 다른 음절을 모두 음절의 수에 포함하면 전체 중국어의 음절은 3,675개(성모[21]×운모[35]×성조[5])가 되지만, 실질적으로 사용되는 음절은 약 1,300개 정도에 불과하다.

따라서 중국어에서 성조는 의미를 분별하는 매우 중요한 요소이며, 또한 중국어에는 동음이의어가 많기 때문에 듣거나 말할 때 앞뒤의 문맥에 따라 정확히 판단하는 능력이 매우 중요하다.

(4) 음운론적 특징의 배경

위에서 살펴본 중국어의 음운론적 특징은 성조 언어, 단음절어, 동음이의어로 요약할 수 있는데, 중국어가 이러한 음운론적 특징을 지금도 유지하는 원인은 문자, 즉 표의문자인 한자에서 비롯되었다고 할 수 있다. 즉 표의문자인 한자를 사용하는 중국에서 언어는 자연스럽게 이러한 음운론적 특징을 유지할 수밖에 없었고, 이는 동시에 언어로서 중국어의 한계이기도 하다. 다만 이러한 한계를 극복하기 위해 중국어는 초기부터 성조 언어로 발전하였고, 지금도 성조는 중국어의 매우 중요한 부분으로 작용하고 있다. 다음에서 성조 언어의 탄생 배경과 특징을 간략히 살펴보기로 한다.

■ 성조 언어의 탄생 이유

• 음소적 제한과 단음절적 구조

성조는 주로 단음절 언어를 사용하면서 시작되었다. 즉 표의문자인 한자의 출현으로 고대 중국어는 거의 대부분 단음절로 이루어져 있었고, 제한된 음소(발음 가능한 소리)와 결합 규칙으로 인해 조합이 가능한 음절의 수가 적었다. 따라서 음절이 동일한 동음이의어가 증가했고, 의미 구분을 하여 이 문제를 해결하기 위해 성조가 탄생하였다.

• 의미 구별의 필요성

중국어처럼 음절 구조가 단순한 언어일수록 성조를 활용해 의미를 차별화해야 할 필요가 컸다. 즉 성조를 통해 더 많은 단어를 생성할 수 있었고, 이는 어휘의 확장을 가능하게 하였다.

• 언어적 경제성

성조는 별도의 음소를 추가하지 않고도 의미 구별을 가능하게 하는 경제적 장치이다. 즉 발음 체계를 간단하게 유지하면서도 풍부한 표현력을 갖출 수 있다.

■ 성조 언어가 지금도 사용되는 이유

• 효과적인 의사소통 도구

성조는 단어의 의미를 명확하게 전달하는 데 도움을 줄 수 있다. 예를 들어 중국어의 '四(si)'와 '十(shí)'는 발음이 비슷하지만 성조를 통해 구별할 수 있다. 특히 동음이의어가 많은 언어에서 성조는 필수적인 요소로 작용한다.

• 적응성과 지속성

성조 언어는 수천 년 동안 사용되며 그 체계가 사회와 문화 속에 깊이 뿌리내렸고, 언어학적인 문법 체계와 강하게 연결되어 있다. 따라서 이를 대체하거나 변경할 필요성이 적다. 외국어로서 중국어를 학습하는 외국인 학습자는 성조 학습에 큰 부담을 느끼지만, 성조 언어를 모국어로 지속적으로 사용해 온 사람들에게 성조의 학습은 큰 부담이 되지 않는 것이다.

성조 언어는 중국어가 대표하지만, 중국뿐만 아니라 동남아시아, 아프리카, 그리고 일부 중남미 지역에서도 사용되고 있다. 동아시아에서는 베트남어(Vietnamese)에 6성조(북부 방언 기준)가 있고, 태국어(Thai)에는 5성조(고성, 중성, 저성, 상승, 하강)가 있으며, 라오어(Lao)에도 6성조(지역 방언에 따라 차이가 있음), 버마어(Burmese)에는 3성조(고성, 저성, 중성)가 있다.

또한 아프리카 지역의 요루바어(Yoruba)는 3성조(고성, 중성, 저성), 이보어(Igbo)는 2성조(고성, 저성)가 남아 있으며, 이 밖에 북미 지역의 오토미어(Otomi), 나와틀어(Nahuatl) 등에도 성조가 남아 있다.

성조 언어는 언어의 효율성, 경제성, 문화적 필요에 의해 탄생했으며, 오늘날에도 이러한 필요에 의해 사용되고 있다. 특히 의미 구분이 중요한 단음절 언어에서 성조는 필수적이며, 사회적, 역사적 맥락에서 지속적으로 유지되고 있다.

2) 형태론적 특징

중국어는 형태론적으로 다른 언어와 비교하여 독특한 특징이 있다. 단순한 형태의 중국어가 처음 출현하고 일정 시간이 흐른 후 이 언어를 기록하기 위한 문자가 탄생하였는데, 이 문자, 즉 초기의 한자는 언어의 발음을 표기하는 부호를 문자로 삼은 것이 아니라 언어의 의미를 담아내는 형상을 취하여 문자의 형태로 삼은 표의문자였기 때문에, 한자의 출현과 함께 중국어는 오히려 한자의 영향을 받아 여러 가지 독특한 형태론적 특징을 가지게 되었다.

(1) 고립어(Isolating Language)

고립어의 특징은 동사, 명사 등 단어의 형태에 시제, 성(性), 수(數), 격(格) 등에 따른 변화(굴절)가 없다는 점이다. 중국어에서 단어는 개별 한자를 지칭하므로, 문장의 시제(과거/현재/미래), 주어의 성(남/여)과 수(단수/복수), 격(주격/소유격/목적격)에 따른 한자의 형태 변화가 없다. 따라서 문법적 관계는 어순과 문맥에 따라 결정되며, 이에 따라 중국어에서 어순은 문장의 의미를 결정하는 매우 중요한 요소가 된다. 굴절어인 영어와 비교하자면 아래와 같다.

■ 성(性)

중국어에서는 성별에 따른 단어의 형태 변화가 없지만 영어는 성별에 따라 단어의 형태가 달라진다.

중국어	영어
他是医生。(Tā shì yīshēng.)	He is a doctor.
她是医生。(Tā shì yīshēng.)	She is a doctor.

물론 중국어의 '他(그)'와 '她(그녀)'는 성별에 따라 조금 다른 형태의 한자를 사용하지만 발음(성조와 음절)은 동일하며, 문법적으로도 다른 변화가 없다.

영어에서는 대명사 'he(그)'와 'she(그녀)'가 성별에 따라 형태와 발음이 명확히 달라진다.

■ 수(數)

중국어는 단수와 복수에 따른 단어의 형태 변화가 나타나지 않으며, 대신 필요한 경우에는 명사 뒤에 복수를 나타내는 '们'을 추가한다. 영어는 명사의 형태가 단수냐 복수냐에 따라 변화한다.

중국어	영어
学生来了。(Xuéshēng lái le.)	The student came.
学生们来了。(Xuéshēngmen lái le.)	The students came.

- 중국어에서는 '学生(학생)'을 복수로 만들 때 学生의 형태는 변화가 없고 대신 '们'을 붙이지만, 경우에 따라서는 们을 붙이지 않아도 学生이 복수를 나타낼 수 있다.

예) 十五个学生都通过了考试。 → 이 문장에서는 15명(十五个)이란 구체적인 숫자가 '学生'이 복수임을 나타내므로, 이런 경우에는 们을 붙이지 않는다. 즉 단수 혹은 복수에 따른 주어의 형태 변화가 없다.

- 영어는 단어의 형태가 'student'에서 'students'로 변화한다.

■ 격(格)

중국어는 격에 따른 형태 변화가 없으며, 대신 어순이 문법적 역할을 구분한다. 영어는 대명사에서 격에 따라 형태가 변한다.

중국어	영어
我看他。(Wǒ kàn tā.)	I see him.
他看我。(Tā kàn wǒ.)	He sees me.

- 중국어에서 1인칭 대명사 '我'(나)와 3인칭 대명사 '他'(그)는 주어와 목적어로 쓰여도 형태가 변하지 않는다.
- 영어에서는 주어일 때는 'I', 'He', 목적어일 때는 'me', 'him'으로 형태가 변한다.

■ 시제

중국어는 시제가 바뀌더라도 동사의 형태는 변하지 않고, 대신 시간 부사나 동태 조사로 시제를 나타낸다. 영어는 동사의 형태가 시제에 따라 규칙적으로 달라진다.

중국어	영어
他吃饭。(Tā chī fàn.)	He eats rice.
他昨天吃饭。(Tā zuótiān chī fàn.)	He ate rice yesterday.

- 중국어에서 '吃(chī, 먹다)'는 시제가 과거, 현재, 미래로 바뀌어도 형태가 변하지 않는다. 대신 昨天(어제)이란 시간사를 부사어로 활용하여 과거 시제임을 나타낸다.
- 영어는 현재 시제 'eats'와 과거 시제 'ate'로 형태가 변화한다.

(2) 제한된 조사의 활용

이처럼 고립어인 중국어는 단어의 형태가 고정되기 때문에 문맥과 어순으로 의미를 구별해야 하며, 문법적 기능은 주로 부사어와 제한된 조사로 표현한다.

예를 들어 동작의 상태를 나타내는 동태 조사를 동사 뒤에 붙여서 동사가 나타내는 동작이나 행위의 시제를 나타내는데, 예를 들면:

他去图书馆了。: 완료 了(le) → 그는 도서관에 갔다.

他在图书馆坐着学习。: 지속 着(zhe) → 그는 도서관에서 앉은 채로 공부하고 있다.

他在图书馆做过兼职。: 경험 过(guò) → 그는 도서관에서 알바한 적이 있다.

동태 조사 외에도 다양한 부사어를 활용하여 시간을 표현한다.

他正在图书馆学习。: 부사 正(zhèng) → 그는 도서관에서 공부하는 중이다.

他昨天在图书馆学习。: 昨天(어제) → 그는 어제 도서관에서 공부했다.

반면 굴절어인 영어는 문법적 기능에 따라 단어가 굴절하여 형태가 규칙적으로 변한다. 이러한 차이는 두 언어의 구조적 특성을 반영하며, 언어 학습 시에 각 언어의 특징에 따라 접근 방식이 달라야 함을 보여준다.

3) 통사론적 특징

고립어인 중국어는 단어의 형태 변화가 없기 때문에, 각종 문법적인 요소를 직관적으로 나타내기 어렵다. 따라서 중국어는 통사론적 방식으로 문법적인 요소를 반영한다.

(1) 기본 어순(word order)

중국어의 기본 어순은 [주어]-[동사]-[목적어](S+V+O)이다.

예) 我喜欢苹果(Wǒ xǐhuan píngguǒ, 나 / 좋아하다 / 사과)

중국어에는 한국어의 주격조사(~은, 는, 이, 가)와 목적격조사(~을, 를)가 없고, 단어의 형태 변화도 없기 때문에, 같은 단어라도 문장에서의 위치가 문장성분을 결정한다.

예) 我喜欢金老师。 나 / 좋아하다 / 김 선생님 → 나는 김 선생님을 좋아한다.

金老师喜欢我。 김 선생님 / 좋아하다 / 나 → 김 선생님은 나를 좋아한다.

즉 '我(나)'가 주어의 위치에 있느냐 목적어의 위치에 있느냐에 따라 '좋아하다'라는 동사의 주체가 될지, 아니면 대상이 될지가 결정된다. 특히 영어에서의 '나'가 주격일 때 I, 목적격일 때 me가 되는 것과 같은 격에 따른 형태 변화가 없기 때문에, 중국어에서는 각 단어의 위치가 매우 중요하다.

따라서 중국어의 어순은 매우 고정적이다. 고정적이란 의미는 문장의 어순이 변하지 않는다는 것이 아니라, 어순이 바뀌면 문장의 의미도 변한다는 것을 의미한다.

(2) 형용사의 위치

중국어의 기본 어순이 [주어]-[동사]-[목적어]라서 한국어 어순과 중국어 어순은 모두 다를 것이라고 잘못 생각하는 경우가 많다. 하지만 한국어와 마찬가지로 중국어 역시 형용사가 명사를 수식하는 경우, 형용사는 수식하는 명사 앞에 위치한다.

예) 美丽的花(měilì de huā, 아름다운 꽃)

그러나 한국어와 달리 중국어는 수식하는 형용사와 수식을 받는 명사 사이에 관형격 조사인 的가 놓이는 경우가 많다. 한국어에서 '아름답다'라는 형용사는 다른 성분을 수식할 때 어미가 활용되어 '아름다운'으로 형태가 변하지만, 중국어의 '美丽'는 단독으로 쓰이거나 다른 성분을 수식할 때도 형태의 변화가 없기 때문이다. 따라서 중국어에서는 수식 관계나 소유 관계임을 나타내는 관형격 조사 的를 써서 문법적 역할을 하게 한다.

(3) 수식어의 배열 순서

형용사와 마찬가지로 중국어에서 수식어는 수식하는 대상의 앞에 놓인다.

예) 我昨天买的书 (Wǒ zuótiān mǎi de shū, 내가 어제 산 책)

'我昨天买'는 '나는 어제 샀다'라는 의미인데, 위 예문에서는 뒤에 나오는 '书'를 수식하는 성분으로 쓰였다. 여기에서도 我昨天买와 书 사이에 的를 넣었는데, 이는 중국어가 한국어처럼 '~사다'를 '~산'으로 변화시킬 수 없기 때문에 我昨天买가 书를 수식하는 성분임을 나타내기 위해서 넣은 관형격조사이다.

이처럼 수식하는 성분과 수식받는 성분의 배열 순서는 중국어와 한국어가 동일하지만, 영어는 다름을 알 수 있다.

- 我昨天买的 书

- 내가 어제 산 책

- The book I bought yesterday

(4) 양사(measure word)의 사용

대부분의 언어에 양사가 있고, 한국어에도 양사가 있다. 하지만 한국어의 경우 양사를 생략하는 경우가 흔한데, 중국어에서는 반드시 양사를 써야 하는 경우가 잦고 양사의 수도 훨씬 많다. 또한 어순도 한국어와 다르므로 주의해야 한다.

한국어: 책 한 권 [명사]+[수사]+[양사]

중국어: 一 本 书 [수사]+[양사]+[명사]

중국어의 양사는 사람이나 사물의 수를 세는 단위인 명량사와 동작이나 행위의 양을 나타내는 동량사로 나뉜다.

■ 명량사(名量词)

정확한 개수는 파악하기 어렵지만 대략 150개 정도가 있으며, 이 중 많이 사용되는 양사는 약 60개 정도이다.

명사 앞에서 수량을 표현하거나 명사를 분류하는 역할을 하며, 사람 혹은 사물에 따라 정해진 양사를 사용한다.

예시: ① 个(ge): 가장 일반적인 양사(사람, 사물 등)

② 本(běn): 책

③ 张(zhāng): 평평한 물체

④ 条(tiáo): 긴 모양의 물체(강, 길, 바지 등)

⑤ 杯(bēi): 컵

⑥ 辆(liàng): 차량

⑦ 只(zhī): 동물, 신체 일부

⑧ 双(shuāng): 쌍으로 된 물체(신발, 젓가락 등)

⑨ 头(tóu): 가축(소, 돼지 등)

⑩ 匹(pǐ): 말과 같은 동물

■ **동량사(动量词)**

정확한 개수는 파악하기 어렵지만 대략 20개 정도가 있으며, 이 중 많이 사용되는 양사는 약 15개 정도이다.

동작이나 행위를 세는 데 사용되며 시간, 동작의 횟수, 방법 등을 나타낸다.

예시: ① 次(cì): 동작의 횟수

去过一次北京(Qù guò yí cì Běijīng) → 베이징에 한 번 간 적 있다.

② 遍(biàn): 처음부터 끝까지의 동작 반복

再说一遍(Zài shuō yí biàn) → 한 번 더 말하다.

③ 趟(tàng): 왕복 동작의 횟수

去了一趟商店(Qù le yí tàng shāngdiàn) → 상점에 한 번 다녀왔다.

④ 下(xià): 가벼운 동작의 횟수

看一下(Kàn yí xià) → 한 번 보다.

⑤ 顿(dùn): 식사, 질책, 충격 등 특정 동작의 횟수

吃了一顿饭(Chī le yí dùn fàn) → 식사를 한 끼 했다.

⑥ 回(huí): 사건이나 행위의 횟수

提了一回意见(Tí le yí huí yìjiàn) → 의견을 한 번 제시했다.

⑦ 场(chǎng): 사건이나 활동의 횟수

一场比赛(Yì chǎng bǐsài) → 경기 한 번

중국어에서 양사를 사용하는 것은 문법적으로 중요하며, 적절한 양사를 선택해야만 자연스러운 표현을 할 수 있다.

한국어는 굳이 양사를 사용하지 않아도 의사소통이 가능하지만, 중국어는 구체적인 구문 구조가 중요하기 때문에 수량을 표시하는 양사가 반드시 있어야 한다.

4) 의미론적 특징

중국어는 다른 언어와 달리 문법 표지가 적고, 모든 한자가 특정한 의미를 지니는 단음절어이기 때문에, 정확하게 구사하기 위해서 맥락과 관용적 표현을 정확히 파악하는 것이 중요하다.

(1) 맥락 의존적 의미

중국어는 성조 언어이며 단음절어인 동시에 동음이의어와 다의어 (多義語)가 많기 때문에, 정확하게 구사하기 위해서는 문맥을 정확히 파악하는 것이 필수적이다. 다음은 그 예시들이다.

■ 동음이의어

妈妈 骑 马 , 马 慢 , 妈妈 骂 马。

Māma qí mǎ, mǎ màn, māma mà mǎ.

옳은 해석은 "엄마가 말을 타는데, 말이 느려서 엄마가 말을 꾸짖는다."이다.

그러나 妈(엄마)와 马(말), 骂(꾸짖다)의 음절은 모두 [ma]로 동일하되 성조만 다르기 때문에, 문장의 의미를 정확히 이해하기 쉽지 않다. 따라서 앞뒤에 문맥에 맞게 문장의 의미를 파악하는 능력이 필요하다.

■ 다의어

我 会 说 中文。

Wǒ huì shuō zhōngwén.

이 문장은 "나는 중국어를 할 줄 안다."와 "나는 중국어를 말할 것이다."의 두 가지로 해석될 수 있다. 즉 조동사 '会'는 '할 줄 알다' 또는 '미래의 가능성 내지 추측'을 나타내기 때문에 문맥에 따라 해석이 달라진다.

他 看 我。

Tā kàn wǒ.

이 문장은 "그는 나를 본다."와 "그는 나를 돌본다."의 두 가지로 해석된다. 왜냐하면 동사 '看'은 '보다'라는 뜻 외에 '돌보다'라는 의미도 있기 때문이다. 이 경우 문맥을 보고 의미를 판단해야 한다.

(2) 성어와 관용 표현

중국인은 성어(成语)와 관용어를 사용하여 의미를 간접적이고 추상적으로 표현하는 경우가 많다. 따라서 행간에 숨은 정확한 의미를 파악하기 위해서는 중국의 성어와 관용어를 알아야 하며, 이러한 표현 방식은 문학적·문화적 의미를 전달하는 데 중요한 역할을 한다.

■ 성어

• 狐假虎威(hú jiǎ hǔ wēi)

여우가 호랑이의 위엄을 빌리다.

비유적 의미: 다른 사람의 권력을 빌려 자신의 힘인 척하다.

예문: 他只不过是在狐假虎威罢了。

→ 그는 단지 다른 사람의 권세를 빌리고 있을 뿐이다.

• 画蛇添足(huà shé tiān zú)

뱀을 그리고 나서 다리를 더하다.

비유적 의미: 쓸데없는 일을 해서 도리어 일을 망치다.

예문: 这个设计太复杂了 , 有点画蛇添足。

→ 이 디자인은 너무 복잡해서 약간 쓸데없는 일을 한 것 같다.

■ 관용어

• 吃醋(chī cù)

직역: 식초를 먹다.

의미: 질투하다.

예문: 看到他和别的女孩聊天 , 就开始吃醋了。

→ 그녀는 그가 다른 여자와 대화하는 걸 보고 질투하기 시작했다.

'吃醋'가 이런 의미를 가진 데에는 역사적 유래가 있다. 당나라 당태종은 방현령이 큰 공을 세우자 첩(妾)을 들이라고 권유했으나, 방현령은 아내의 반대로 당태종의 권유를 거절했다. 이에 당태종이 방현령의 아내를 불러 첩을 받아들이든가 아니면 독약을 마시라고 했는데, 방현령의 아내는 주저 없이 독약을 마셨다. 물론 독약은 진짜가 아니라 식초였다.

이 고사로부터 유래되어 중국인들은 '식초를 먹는다'라는 말을 '질투하다'라는 뜻으로 사용하게 되었다. 현대 중국어에서는 이로 인해 '진짜 식초를 먹을 때'는 '吃醋'라고 하지 않고, '喝醋(식초를 마시다)'라고 한다.

• 马马虎虎(mǎ mǎ hū hū)

직역: 말과 호랑이.

의미: 대충, 그저 그렇다.

예문: 他对工作马马虎虎 , 不太认真。

→ 그는 일에 대해 대충대충 하고, 별로 신중하지 않다.

马马虎虎가 이러한 의미를 지니게 된 고사가 있다. 옛날에 중국에 그림을 매우 잘 그리는 화가가 있었는데, 어느 날 그는 심심풀이로 한쪽에는 말의 모습을 그리고, 다른 한쪽에는 호랑이의 모습을 그린 뒤 장난삼아 이 두 그림을 하나로 섞어 그렸고,

이에 머리는 호랑이이고 몸은 말인 이상한 동물이 탄생했다. 이후 화가의 아들이 이 그림을 보고 말과 호랑이를 구별하지 못해서, 말을 사러 갔다가 호랑이를 말로 착각하여 큰 사고를 당할 뻔하였다. 이후 사람들은 무엇이 무엇인지 분명하지 않은 상태나, 대충대충 하는 태도를 가리켜 "马马虎虎"라고 부르게 되었다.

5) 어휘적 특징

한자를 사용하는 중국어의 어휘는 거의 모두 단음절, 즉 하나의 한자로 되어 있었다. 이후 사회가 발전하고 필요한 어휘가 급증했으나 모든 어휘를 단음절로 만들 수는 없었기 때문에, 현재 중국어 어휘의 약 80%는 두 개의 한자, 즉 두 음절 이상이 결합된 복음절이다. 고대 중국어와 현대 중국어의 어휘를 비교해 보면 아래와 같다.

고문 《논어》	孔子曰: 學 /而/時 /習/之/, 不/亦 / 說 /乎?
현대 중국어	孔子说 : 学习/并/按时/复习/, 不/也是/很高兴的事情/吗 ?
한역	공자가 말하기를, "배우고 때로 익히면 기쁘지 아니한가?"

고문 《논어》를 보면, 모든 어휘가 한 글자, 즉 단음절이다. 이후 시간이 흐르면서 새로운 어휘의 필요성, 의미의 세분화 등 여러 요인에 따라 단음절 어휘로는 명확하고 정확한 의미를 전달하기 어렵게 되면서, 점차 2음절 이상의 어휘가 생성되었다.

(1) 단음절 어휘

한자를 사용하는 중국어는 초기부터 한자의 영향을 받았다. 모든 한자는 고유의 자형(字形), 자음(字音), 자의(字意)를 가지므로, 초기의 중국어 어휘는 거의 모두 하나의 한자, 즉 단음절 어휘였다. 현대 중국어 어휘 중에도 약 20%는 여전히 단음절이다. 단음절 명사, 동사, 형용사의 예를 들면 다음과 같다.

■ 명사

- 山(shān) → 산
- 水(shuǐ) → 물
- 火(huǒ) → 불
- 天(tiān) → 하늘
- 人(rén) → 사람
- 心(xīn) → 마음
- 血(xuè) → 피
- 手(shǒu) → 손
- 书(shū) → 책
- 米(mǐ) → 쌀

■ 동사

- 看(kàn) → 보다

- 听(tīng) → 듣다

- 走(zǒu) → 걷다

- 来(lái) → 오다

- 去(qù) → 가다

- 吃(chī) → 먹다

- 喝(hē) → 마시다

- 打(dǎ) → 때리다, 하다

- 写(xiě) → 쓰다

- 说(shuō) → 말하다

■ 형용사

- 大(dà) → 크다

- 小(xiǎo) → 작다

- 高(gāo) → 높다

- 低(dī) → 낮다

- 长(cháng) → 길다

- 短(duǎn) → 짧다

- 新(xīn) → 새롭다

- 老(lǎo) → 늙다, 오래되다

- 好(hǎo) → 좋다

- 坏(huài) → 나쁘다

(2) 복음절 어휘

시간이 지나면서 의사소통의 효율성과 명확성을 위해 2음절 이상의 복합어가 많아졌다. 이는 동음이의어가 많은 중국어에서 단어의 의미를 명확히 구분할 필요성이 커졌기 때문이며, 새로운 어휘의 수요가 증가했기 때문이다.

水(shuǐ, 물) → 河水(héshuǐ, 강물), 湖水(húshuǐ, 호수의 물)

人(rén, 사람) → 人民(rénmín, 국민), 人类(rénlèi, 인류)

■ 조어(造語) 능력

중국어는 새로운 어휘를 만드는 능력, 즉 조어(造語)능력이 매우 뛰어나다. 왜냐하면 중국어의 문자인 한자는 매 글자마다 고유의 자형(字形), 자음(字音), 자의(字意)를 가지고 있기 때문에, 한자와 한자를 결합하면 새로운 의미의 어휘가 만들어지기 때문이다.

- 电(diàn, 전기) + 脑(nǎo, 뇌) → 电脑(컴퓨터)
- 火(huǒ, 불) + 车(chē, 차) → 火车(기차)

2. 사회언어학적 특징

언어와 문자는 사회적·문화적 상황 및 배경과 밀접한 관계가 있다. 현대 중국어 역시 중국의 사회·문화적 변화와 상호작용을 하며 변화하고 있다.

현대 중국어의 사회언어학적 특징을 살펴보면 아래와 같다.

1) 다양한 방언(Dialect Language)

중국에는 다양한 방언이 존재하며, 이는 중국의 지리적, 역사적, 사회적 요인으로 인해 형성된 것이다. 중국의 방언은 지역마다 언어적 차이가 매우 크며, 때로는 다른 방언군에 속하는 사람들 사이에 의사소통이 어려울 정도로 차이가 존재한다.

■ 방언이 많은 이유

- 넓은 영토와 지역 간 고립

중국은 영토가 광대하여 지역 간 거리가 멀었고, 영토가 넓은 만큼 국경을 접하는 이민족 역시 많았기 때문에, 국경을 중심으로 다량의 이민족 언어가 중국으로 유입되기도 하였다. 또한 산맥, 강, 고원 등 자연적 장벽이 많아 각 지역 사람들이 서로 왕래하기도 어려웠다. 이로 인해 각 지역에서 고유한 발음, 어휘, 문법 체계가 발전하게 되었다.

- 긴 역사와 문화적 다양성

중국은 약 5,000년 이상의 역사를 가진 국가로, 오랜 기간 동안 다양한 민족과 문화가 섞이면서 각 지역의 언어가 독자적으로 발달했다. 또한 중국은 역사적으로 많은 왕조와 분열기를 거쳤으며, 특히 원나라는 몽고족이, 청나라는 만주족이 통치하면서 중국어 안에 다량의 몽고어, 만주어가 유입되었다. 지금도 중국에는 한족 외에도 55개 소수민족이 각자의 언어와 문화를 보존하며 생활하고 있다. 이러한 역사적 배경은 중국어의 방언을 유지시키는 바탕이 되었다.

- 중국어의 고립어적 특성

중국어는 고립어로서 단어가 형태 변화 없이 독립적으로 사용된다. 이는 지역적 차이에 따라 같은 단어(한자)라도 발음과 사용 방식이 다르게 변형되기 쉬운 환경을 제공하였다.

- 언어 정책의 부재

역대 왕조마다 방언의 사용으로 인한 언어 소통의 어려움이 있었으나, 이에 대한 강력한 언어 통일 정책은 부족했다. 1949년 중화인민공화국의 설립 이후 표준어(보통화) 보급을 위한 여러 정책이 나왔으나, 방언은 이미 오랜 기간 각 지역을 중심으로 사용되어 왔기 때문에 완전히 사라지지 않았다.

■ 중국 방언의 종류

중국어 방언은 일반적으로 7대 방언군으로 나누며, 각 방언군은 독특한 발음, 어휘, 문법을 가지고 있다.

- 관화 방언(官话方言)

지역: 북부 및 서부 지역(북경, 하북, 동북, 사천 등)

특징: - 표준중국어(普通话)의 기반

- 성조가 비교적 적고(4성), 문법이 간단

- 사용 인구: 약 9억 명

- 우 방언(吳方言)

지역: 상해, 절강성(항주, 소주 등)

특징: - 복잡한 성조 체계(7~8개의 성조)

- 소리가 부드럽고 유창하며, 발음이 멜로디컬하다고 여겨짐

- 사용 인구: 약 8천만 명

- 민 방언(闽方言)

지역: 복건성, 대만, 광동성 동부 일부

특징: - 고대 중국어의 흔적을 많이 보존

- 지역 간 차이가 크며, 민남어(闽南语)와 민북어(闽北语)로
  나뉨

- 사용 인구: 약 7천만 명

- 위 방언(粵方言)

지역: 광동성, 홍콩, 마카오

특징: - 성조가 6~9개로 복잡함

    - 고대 중국어의 어휘와 발음을 많이 보존

    - 대표적인 언어: 광둥어(粵语)

    - 사용 인구: 약 7천만 명

- 샹 방언(湘方言)

지역: 호남성

특징: - 고대 중국어의 특성이 많음

    - 새로운 湘方言과 오래된 湘方言으로 구분됨

    - 사용 인구: 약 3천만 명

- 간 방언(贛方言)

지역: 강서성

특징: - 성조가 많고 관화와 샹 방언의 중간 형태

    - 사용 인구: 약 2천만 명

- 객가 방언(客家方言)

  지역: 광동성 동부, 복건성 서부, 대만

  특징: - '객가인(客家人)'이라는 민족적 정체성과 관련

        - 광둥어와 민남어의 영향을 받음

        - 사용 인구: 약 3천만 명

방언 간의 발음, 문법, 어휘 등은 차이가 매우 커서 서로 다른 방언을 사용하는 사람들이 소통하기 어려운 경우가 많다. 즉 동일한 한자도 방언에 따라 다르게 읽으며, 동일한 의미라도 방언에 따라 사용하는 어휘가 다르다. 또한 문법 체계도 서로 조금씩 달라서 원활한 의사소통이 어렵다. 따라서 중국의 방언은 우리의 사투리의 개념과는 다르다고 봐야 한다.

2) 표준중국어(普通話)의 보급

중국 정부는 표준중국어를 전국적으로 보급하기 위해 다양한 정책을 시행해 왔으며, 이 과정에서 이미 상당한 성과를 거두었다. 아래에서 중국의 표준어 보급 정책과 현재 표준어의 보급률에 대해서 알아보자.

■ 표준중국어(普通话)란?

'보통화'란 북경어 발음을 기초로 하여, 북방 방언을 기반으로 하고, 현대 백화문(글로 쓰는 현대 중국어)의 문법을 규범으로 삼은 언어

를 말한다. 중화인민공화국 설립 직후 전국적으로 공통된 언어를 만들어 지역 간 의사소통을 원활히 하고, 교육과 경제 발전을 촉진하기 위해 보통화 보급 정책이 추진되었다.

■ 표준중국어(보통화) 보급 정책

중국 정부는 1955년에 '보통화(普通话)'라는 용어를 공식적으로 발표하고 1956년에 표준중국어 보급 정책을 공식화하였는데, 이때부터 학교, 방송, 정부 기관 등에서 보통화 사용을 적극 장려하였다. 이후 1990년대에 표준중국어 보급이 본격적으로 강화되었고 특히 소수민족 지역과 농촌 지역을 대상으로 표준중국어 보급 정책이 확대되었다.

• 주요 정책 및 방법

① 교육을 통한 보급

모든 학교에서 표준중국어 교육을 의무화하였고, 교사 자격증을 취득하려면 반드시 보통화능력시험(普通话水平测试)을 통과하도록 하였다.

② 미디어를 통한 보급

TV, 라디오, 신문 등 주요 매체에서 표준중국어 사용을 의무화하였고, 영화와 드라마도 표준중국어를 사용하라고 적극 권장하였다.

③ 정부의 홍보 활동

매년 9월 셋째 주를 '보통화 홍보 주간(全国推广普通话宣传周)'으로 지정하고 공공기관 및 공공장소에서 보통화 사용 캠페인을 진행하였다.

④ 농촌 및 소수민족 지역 지원

농촌 및 소수민족 지역을 대상으로 보통화 무상교육을 지원하고 표준어 교재 제공 및 특별 교육 프로그램을 시행하였다.

• 표준중국어의 보급률

1950년대 이후 지속적으로 추진된 보통화 보급 정책으로 이미 상당한 효과를 거두었다. 그러나 여전히 지역과 세대, 민족에 따른 차이는 존재한다.

① 도시 지역

2020년 기준, 중국의 표준중국어 보급률은 약 80.72%에 달했다. 이는 전국 인구의 약 80% 이상이 표준중국어를 이해하거나 사용할 수 있다는 뜻인데, 특히 젊은 세대와 도시 지역에서는 보통화가 이미 보편적으로 사용되고 있다.

② 도시와 농촌

도시 지역의 보급률은 90% 이상으로 매우 높지만, 농촌 지역의 보급률은 60~70% 수준으로, 도시 지역에 비하여 방언의 사용이 여전히 높은 것으로 나타난다. 물론 농촌 지역의 공공기관, 학교 등에서는 보통화를 사용하지만, 가정 내에서는 여전히 방언을 많이 사용하는 것이다.

③ 소수민족 지역

현재 중국은 총 56개의 민족으로 구성되며, 한족(汉族)이 전체 인구의 약 91%를 차지하고, 나머지 55개 소수민족은 전체 인구의 약 9%를 점유하고 있다(2020년 기준 약 1억 2천만 명).

주요 소수민족은 장족(壮族) 약 1,700만 명, 후이족(回族) 약 1,000만 명, 위구르족(维吾尔族) 약 1,200만 명, 티베트족(藏族) 약 600만 명, 만주족(满族) 약 1,000만 명 등 이다.

1949년 신중국 건국 이후 중국 정부는 '민족 평등(民族平等)'을 기본 원칙으로 선언하고, 소수민족의 자치를 보장하며, 민족 간 단결과 협력을 강조하였다. 이에 따라 중국의 소수민족 정책은 중국 내 다양한 민족 집단의 통합과 안정을 목표로 하며, 동시에 각 민족의 문화적 정체성을 보존하려는 방향으로 진행되어 왔다.

이 정책의 일환으로 중국은 '소수민족 자치 제도(民族区域自治制度)'를 시행하여 소수민족이 집중적으로 거주하는 지역에 자치권을 부여하고 있다.

현재 5개의 소수민족 자치구는 신장 위구르(新疆维吾尔), 티베트(西藏), 내몽골(内蒙古), 닝샤 후이족(宁夏回族), 광시 좡족(广西壮族) 자치구이며, 이 외에도 소수민족 자치현 및 자치향을 두어 지방급 자치 행정 단위도 유지하고 있다.

소수민족 자치구에는 경제, 교육, 언어, 문화, 종교 분야에 독자적인 정책을 실행할 수 있는 권한이 있다. 따라서 소수민족은 자신들의 언어와 문자를 사용할 권리가 있고, 학교에서도 소수민족 언어로 교육을 받을 수 있으며, 공공 문서에도 소수민족 언어를 사용할 수 있다.

이에 따라 소수민족 자치구나 자치현 및 자치향에서는 보통화 보급률이 상대적으로 낮아서 보통화 사용 비율이 약 40~60% 수준에 그치기도 한다.

표준중국어는 중국의 언어 통합과 사회 발전에 중요한 역할을 하고 있으며, 정부의 지속적인 노력으로 보급률이 이미 상당히 올라갔다. 그러나 방언과 소수민족 언어는 여전히 중국의 문화적 다양성을 나타내는 중요한 요소이므로, 이를 고려한 균형 있는 언어 정책이 필요해 보인다.

III.
한자의 특징

III. 한자의 특징

    한자(漢字)는 중국에서 기원하여 동아시아 여러 지역에서 사용되는 표의문자 체계로, 그 자체로 독특한 특징과 역사를 가지고 있다. 특히 중국어의 표기 수단으로서의 한자는 단순한 문자 체계일 뿐만 아니라 중국의 문화, 철학, 예술, 사고방식을 반영하는 중요한 역할을 한다.

    다만 한자는 대표적인 표의문자이기 때문에 학습에 어려움이 있다. 즉 한자는 처음 만들 때 언어의 발음을 표기하는 부호를 문자로 삼은 것이 아니라, 언어의 의미를 담고 있는 형상을 취하여 문자의 모양을 정했기 때문에 한자 자체에는 어떻게 읽어야 하는가에 대한 정보가 없다. 또한 상형의 방법으로 처음 한자의 모양을 정했고, 이후 오랜 기간 사용되면서 초기 한자의 상형성이 줄었다고 하더라도 다른 문자 체계와 비교하여 매우 복잡한 모양을 띠기 때문에 한자의 자형을 암기하기도 쉽지 않다. 더욱이 몇 개의 문자로 언어의 발음을 표기하는 표음문자와는 달리 한자는 매 글자가 고유의 음과 뜻을 지니기 때문에 알아야 할 한자의 수가 매우 많다.

따라서 제2외국어로서 중국어를 학습할 때 중국어 학습자는 한자 학습에 많은 어려움을 겪는다. 다음에서는 한자의 기원과 조자 방법, 그리고 한자의 변천 과정을 살펴보고, 한자가 왜 표의문자가 되었는가 와 표의문자인 한자가 지닌 장점과 한계에 대해 살펴보고자 한다. 이 를 한자 학습에 응용한다면 좋은 학습 효과를 기대할 수 있을 것이다.

1. 한자의 기원과 조자(造字) 방법

한자는 누가 언제 어떻게 만들었을까? 우리의 문자인 한글은 정확 히 누가 언제 어떻게 만들었는지를 알 수 있다. 즉 한글은 조선 제4대 왕인 세종대왕(世宗大王, 1397~1450)이 집현전(集賢殿) 학자들과 함께 음성학적 원리를 기반으로 1443년에 완성하고, 1446년에 반포 하였다.

그러나 한자에 대해서는 명확한 기록이 없기 때문에, 한자의 기원 과 조자 방법에 대해서는 구체적으로 살펴볼 필요가 있다.

1) 한자의 기원

인류는 처음 감정이나 사물을 지칭하기 위하여 매우 초보적인 음성 언어를 사용한 것으로 보이며, 이후 초보적인 음성언어가 어느 정도 단계까지 발전하면서 비로소 이를 기록할 필요성이 나타났고, 이에 문

창힐(倉頡)

자가 탄생한 것으로 추정된다.

그렇다면 한자는 누가 언제 처음 만들었을까?

춘추시대(春秋時代)의 학자들은 이 문제를 해결하기 위하여 창힐(倉頡)이란 인물을 만들어 냈다(창힐작서설[倉頡作書說]). 문헌에 등장하는 창힐의 지위 역시 시간이 갈수록 승격된다. 즉 상고(上古)시대의 한 사람, 황제(黃帝)의 사관(史官), 심지어 창힐(倉頡)이 황제라는 주장까지 나오게 된다. 또한 창힐이 처음 한자를 만들어낸 방법 역시 '어려서부터 알고 있었다', '태어날 때 이미 알고 있었다' 등으로 확대되면서 창힐의 가치를 높였다. 심지어 상형문자라는 한자 형태의 특징을 참고하여, 창힐이 날아가는 새와 들짐승의 발자국 등을 보고 한자를 만들어냈다는 주장도 나오게 되었고, 이러한 주장은 결국 우리와 같은 평범한 사람들이 보지 못하는 것까지 볼 수 있도록 창힐에게 두 개의 눈을 더 달아주게 되었다.

그러나 한자는 한 개인에 의해서 단기간에 만들어졌을 가능성이 없고, 또한 창힐이 실존했다는 명확한 증거 자료도 없기 때문에 춘추시대 학자들의 이러한 주장은 사실로 받아들이기 어렵다. 다만, 창힐이 어려서 한자를 좋아했고, 평생 한자와 관련된 일을 하였다는 순자(荀子)의 언급은 참고할 만하다.

2) 한자의 조자 방법

고대 중국인들이 바라보는 세계는 어떠한 모양이었을까. 그들은 외부세계를 어떠한 방식으로 인지하고, 해석하였을까. 그들에게 세상만물은 어떠한 의미였을까.

이러한 문제를 해결하는 데에는 고대 중국인들이 만들어 사용해 온 초기 한자가 큰 도움이 될 수 있다. 왜냐하면 한자는 처음 만들어질 때 언어의 발음을 표기하는 부호를 문자로 삼지 않고, 언어의 의미를 나타내는 형상을 취하여 문자로 삼았기 때문이다.

다음에서는 한자를 만드는 주요 방식에 대해서 간략히 살펴보기로 한다.

(1) 그림을 통한 직관적 표현: 상형(象形)

상형

고대 중국인은 세상에 펼쳐진 '나무'들을 보고, '나무'라는 이미지를 머리 속에 담지하기 시작하였다. 이후 그들은 그 '나무'라는 사물을 '나무'라는 언어를 통해서 구체화한다. 점차 문명화되면서 그들은 '나무'라는 언어를 기록해야 할 매체, 즉 문자를 필요로 했고, 결국 객관적으로 존재하는 '나무'의 모양을 간략히 형상화하여 '나무'라는 뜻의

'木' 자를 만들어냈다. 이러한 방식이 바로 '상형(象形)'이다.

(2) 추상적 개념의 부호 사용: 지사(指事)

上   下

객관적으로 존재하는 사물은 그 사물의 형상을 그려 문자로 표현하였지만, 개념은 있지만 본뜰 대상이 없는 것들은 상형(象形)의 방법으로 문자를 만들 수 없었다. 이에 고대 중국인은 추상적인 부호를 만들어냈다. 예를 들어, 그들은 기준선인 횡선을 긋고, 횡선의 위와 아래에 점이나 짧은 횡선을 그려 넣음으로써 '위'와 '아래'라는 의미를 글자로 표현해냈다. 이러한 방식을 지사(指事)라고 한다.

(3) 상형과 지사의 결합

目   眉

고대 중국인들은 위의 두 방법을 결합하여 보다 쉽고 빨리 새로운 문자를 만들어낼 수 있게 되었다. 예를 들어 사람의 '눈'의 모양을 본떠 '目' 자를 만들어 낸 뒤, '눈'의 형상에 '눈썹'을 의미하는 짧은 곡선

들을 추가함으로써 '눈썹'이라는 의미를 나타내는 새로운 글자인 '眉'자를 만들어냈다. 이러한 방법으로 새로운 한자를 만들기 시작하면서 유사한 의미들을 보다 명확하게 분석하여 인식하게 되었고, 한자의 자의(字意) 역시 보다 세분화되고 구체화되는 경향을 보이게 되었다.

(4) 의미와 의미의 결합: 회의(會意)

이미 사용 중인 상형자(象形字)에 추상적인 부호를 더하여 새로운 글자를 만들어내는 것은 한자 조자법(造字法)에 일종의 혁신이었다고 할 수 있다. 결국 이 방법은 기존 독체자(獨體字)를 2개 이상 결합하여 새로운 글자를 만드는 회의(會意)로 발전하게 되었다. 회의란 두 개 이상의 글자를 결합하여 새로운 의미를 나타내는 글자를 만드는 방법이다.

갑골문(甲骨文) 시기에는 아직 글자의 모양이 정형화되지 않았기 때문에, 갑골 조각마다 동일 글자의 모양이 조금씩 다를 수 있었다. 예를 들어 위의 그림에서 '好' 자의 갑골문은 𤔲와 𤔲 등 다양하게 나타난다. 그러나 회의의 방법으로 글자를 조자할 경우, 결합되는 두 글자의 의미상의 연관 관계는 반드시 고려되어야 한다. 즉 여성이 아이를 앞에 안고 있어야 '좋아하다'라는 의미를 나타낼 수 있기 때문에, '好'

자의 갑골문은 반드시 '女' 자의 앞쪽에 '子' 자가 놓인다. 가로 세로 1cm, 엄지손톱만 한 공간에 새겨진 3,500년 전의 갑골문이지만, 이처럼 과학적인 시스템이 내재되어 있다는 점은 세인(世人)들을 놀라게 하기에 충분하다.

(5) 소리와 의미의 결합: 형성(形聲)

사유 체계가 보다 발전되고 문물이 발달하면서, 고대 중국인들에게는 예전에 없던 새로운 '말'이 많이 만들어졌고, 이에 따라 새로운 문자도 보다 많이 필요하게 되었다. 그러나 기존의 조자 방법으로는 빠른 속도로 증가하는 '언어'를 기록하기 위한 새로운 한자를 만들어내기가 어려웠다. 이에 고대 중국인들은 표의문자인 한자에 표음 성분을 추가하는 형성(形聲)의 방법을 고안하게 되었다. 형성이란, 글자의 의미를 나타내는 형부(形符)와 글자의 발음을 나타내는 성부(聲符)가 결합하여 만들어진 글자로, 한자 조자법(造字法)에 일종의 혁신이라고 할 수 있다. 예를 들어, 처음에는 사유 방식이 단순하여 '나무'라는 뜻의 '木' 자만 필요했지만, 이후 점차 사물을 구별하고 분류하는 능력이 생기면서 '나무'의 종류를 지칭하는 새로운 어휘, 즉 '소나무', '오동나무', '매화나무' 등이 등장했고 이에 대응하는 새로운 한자가 필요해졌는데, 이런 한자를 상형이나 회의의 방법으로 만들기는 한계가 있었고, 이에 의미와 소리를 결합하는 형성(形聲)의 방법이 등장한 것이다.

松(소나무 sōng): 木+公(gōng)

桐(오동나무 tóng): 木+同(tóng)

梅(매화나무 méi): 木+每(meěi)

형성(形聲)의 방법으로 한자를 만들기 시작하면서 고대 중국인들은 보다 쉽고 편리하게 새로운 한자를 만들어내게 되었고, 이에 한자의 수는 빠른 속도로 증가하였다.

갑골문 중에도 이미 형성자(形聲字)가 보이며, 현재 전체 한자의 약 80%가 형성자이다.

또한 '문자'라는 측면에서도 의미와 소리를 결합하는 형성의 방식은 단순히 소리를 표기하는 음성문자보다 의미 전달이 훨씬 효과적이다. 따라서 표의문자인 한자의 한계를 어느 정도 극복시킨 중요한 조자 방법이다.

(6) 글자를 운용하는 방법: 전주(轉注)와 가차(假借)

육서(六書)라는 명칭은 이미 주대(周代)에 보이지만, 구체적으로 무엇을 말하는 것인가에 대해서는 명확하지 않았다. 이후 동한(東漢) 때 허신(許愼)은 육서의 여섯 항목에 대한 설명을 비교적 구체적으로 하였고, 이후 육서는 한자를 만드는 가장 기본적인 방법(造字之本)으로 여겨져 왔다. 그러나 송대(宋代)에 이르러 정초(鄭樵)는 전통적인 육서설(六書說)에 반기를 들고 육서 중의 전주(轉注)와 가차(假借)는 조자법(造字法)이 아니라 용자법(用字法)이라는 새로운 주장을 제기하였다. 즉 새로운 글자가 만들어지면 조자법이지만, 그렇지 않다면 조자법으로 볼 수 없다는 것이다. 예를 들어 설명해 보자.

갑골문: 나뭇가지와 도끼

위의 갑골문은 나뭇가지와 도끼의 형상이 결합되어 만들어진 글자로, 지금의 '新' 자이다. 그러나 본래의 의미는 '새롭다'가 아니라 '땔감, 땔나무'였다. 이후 고대 중국인들은 '새롭다'라는 추상적 관념을 알아냈고, 이에 이를 기록할 새로운 문자가 필요하였다. 그러나 이를 문자로 만들어내기는 그리 쉬운 일이 아니었을 것이다. 따라서 그들은 새로운 글자를 만드는 대신, 기존의 글자 중에서 발음이 같은 '新' 자를 빌려서 '새롭다'라는 뜻으로 쓰기 시작하였다. 이를 가차(假借)라고 한다.

'新' 자가 '땔감'과 '새롭다'라는 두 가지 의미를 지니게 되자, 사람들은 의미상의 혼동을 막기 위하여 '新' 자에 '艸'를 더한 '薪'을 새로 만들고, 이를 '땔감'이란 의미의 전용자(專用字)로 삼았다. 이때 본래의 '新'과 새로 만들어진 '薪'은 한동안 서로 주석(注釋)을 달 때 사용되었으므로, '薪'과 '新'을 전주(轉注)의 관계라고 한다.

이처럼 가차(假借)와 전주(轉注)는 새로운 한자를 만드는 방법은 아니었지만, 한자를 폭넓게 운용하는 데 반드시 필요한 용자법(用字法)이었다.

(7) 독체자(獨體字)와 합체자(合體字)

한자를 만드는 조자 방법은 아니지만, 모든 한자는 결합 방식에 따라 크게 독체자(獨體字)와 합체자(合體字)로 구분한다.

독체자는 하나의 한자로 독립적으로 이루어진 한자로, 초기 한자의 대부분이 독체자에 해당된다. 즉 위에서 살펴본 바대로 사물의 형상을 본떠 만든 상형자나 추상적 개념을 나타내기 위해 만든 지사자는 글자 자체가 하나의 특정한 의미를 나타냈기 때문에, 더 이상 나눌 수 없는 기본적인 형태의 한자이다. 대부분의 부수(部首)가 독체자이며 한자 중에서 가장 기본적인 의미를 나타내는 한자이다.

사회의 발전과 사유 체계의 발달로 새로운 어휘에 대한 필요성이 증대되면서, 상형과 지사에서 벗어나 새로운 방식, 즉 기존의 글자와 다른 글자를 결합하여 새로운 의미를 나타내는 새로운 한자가 다량 증가했는데, 위에서 살펴본 회의자와 형성자가 합체자이다. 즉 두 개 이상의 한자가 결합하여 합체자를 구성하는데, 두 글자 중 한 글자는 반드시 부수자여야 한다. 합체자의 구조는 좌우 결합형, 상하 결합형, 복합 결합형 등 다양한 방식으로 구성된다.

2. 한자의 변천 과정

한자는 처음 만들어진 이후 수천 년간 사용되어 오면서 자형에 많은 변화가 일어났다. 구체적으로 어떤 변천 과정을 겪어왔는가에 대해서 살펴보자.

1) 한자 이전의 의사소통 수단

최초의 한자가 만들어지기 이전에도 고대 중국인들은 원시적인 수단으로 의사소통을 해 온 것으로 보인다.

(1) 결승(結繩)과 서계(書契)

한자가 만들어지기 이전, 고대 중국인들은 결승(結繩), 즉 매듭 문자로 원시적인 의사소통을 한 것으로 추정된다.

결승문자

매듭을 묶는 방식과 매듭의 모양, 묶여진 매듭의 수, 줄의 길이 등을 다양하게 변화시키면 우리가 상상하는 것 이상으로 복잡한 내용을 매듭을 통해서 기록할 수 있었다. 결승은 중국뿐만 아니라 여러 지역에서 사용한 흔적이 있는데, 예를 들어 문자가 없어서 멸망했다는 고대 잉카제국의 문명에서도 매듭 문자를 사용했다는 주장이 있다.

이외에도 서계(書契), 혹은 부절(符節)이라 불리던 나무판도 사용하였다. 즉 어떤 사항에 대해서 당사자끼리의 약속 내용을 나무판에 그린 뒤 이를 둘로 쪼개어 하나씩 가지고 있다가, 그 내용을 이행해야 할 시점이 되면 서로 보관하고 있던 나무판을 합하여 서로의 기억을 보조하는 수단으로 활용되었다.

(2) 도자기에 새겨진 문자: 도문(陶文)

도기(陶器)의 주둥이에 한 글자씩 새겨져 있다.　반파(半坡)에서 발견된 22종의 도문(陶文)

섬서성(陝西省) 반파(半坡) 등을 중심으로 앙소문화(仰韶文化) 시기의 도문(陶文)이 발견되면서, 도문이 최초의 한자라는 가능성이 대두된 적이 있었다.

위의 그림은 반파(半坡)에서 출토된 도자기의 파편들이다. 이를 복원하면 그릇의 주둥이 부분에 한 글자씩 문자가 새겨진 것임을 알 수 있는데, 도자기에 새겨진 문자라는 뜻에서 이를 '도문(陶文)'이라고 부른다. 다만 도문은 아직까지 발견된 글자의 수가 적고, 문장으로 쓰여진 것이 없기 때문에, 문자라기 보다는 도자기를 만든 사람 혹은 도자기 제작을 주문한 사람을 상징하는 족징(族徵)일 것으로 추정된다. 즉 도문에 대해서는 학자들마다 이견이 있기 때문에 현재로서는 최초의 한자라고 단정할 수 없지만, 보다 많은 도문(陶文)이 발견되고 이에 대한 연구가 진행된다면, 도문이 최초의 한자가 될 가능성도 배제할 수는 없다.

2) 한자의 탄생과 변천

현재 우리가 볼 수 있는 가장 오래된 한자는 상나라 때 사용된 갑골문이다. 그러나 갑골문의 자형은 지금 우리가 사용하는 한자와 매우 다르다. 다음에서는 갑골문 이후 현재의 한자까지의 변천 과정을 살펴보기로 한다.

(1) 거북의 배딱지에 새겨진 갑골문(甲骨文)

지금으로부터 약 3,500~3,800년 전의 상(商)나라 사람들은 국가의 중대사나 왕(王)의 일상에 대해서 점을 쳤다. 즉 전쟁, 사냥, 제사, 상왕(商王)의 혼례, 왕후의 출산 등을 앞두고 그들은 손질된 짐승의 뼈에 찬(鑽)과 착(鑿)이라는 홈을 파고, 그 뒷면을 불로 지져 갈라지는 홈의 모양새에 따라 길흉을 판단했다.

점을 친 후 점을 친 날짜, 정인(貞人)의 이름, 점 친 내용, 점 친 결과를 가장 자리 혹은 뒷면에 새겨 두었는데, 이렇게 새겨진 문자를 '갑골문(甲骨文)'이라고 부르며, 바로 이 갑골문이 현존 최고(最古)의 한자이다.

발견 초기에는 은(殷)나라의 문자이므로 은상(殷商) 문자, 점을 칠 때 사용된 문자이므로 정복(貞卜) 문자, 혹은 은허서계(殷虛書契) 등의 명칭으로 불리었으나, 점을 칠 때 가장 많이 사용된 재료가 거북의 배딱지(귀갑[龜甲])와 짐승의 뼈(수골[獸骨])였기 때문에 귀갑수골(龜甲獸骨) 문자로 불리게 되었고, 이후 줄여서 '갑골(甲骨)'문자가 되었다.

거북의 배딱지(龜甲)

소의 어깨뼈(肩胛骨)

지금까지 발견된 갑골 조각의 수는 약 10만 조각에서 15만 조각에 이르며, 여기에 새겨진 한자의 자종(字種) 수는 약 5천 자 정도이다. 이 중 자음(字音)과 자의(字意)가 모두 명확하게 고석된 것이 약 천 자, 자음(字音)은 불명확하지만 편방의 구조와 자의의 추정이 가능한 것이 약 800자이다. 대부분의 갑골은 반경(盤庚)이란 왕이 상(商)나라의 도읍을 은(殷)으로 옮긴 이후, 주(周)나라에 의하여 멸망할 때까지의 273년간 만들어진 것이다.

갑골문은 최초의 한자라는 점에서도 큰 의의가 있지만, 상나라 사람들의 사유의 방식과 일상의 모습을 반영하고 있다는 점에서 중국 고대 문화사 연구에서 차지하는 비중 역시 매우 높다.

갑골문은 상나라 이후 수천 년간 땅 속에 묻혀 있다가 1899년에 우연히 발견되었다.

당시 북경의 국자감(國子監) 재주였던 왕의영(王懿榮)은 달인당(達仁堂)에서 지어온 자신의 약재 속에서 이상한 것을 발견했다. '용골(龍骨)'이란 약재로 불리던 이 짐승의 뼛조각에 문자 비슷한 것이 새겨져 있었는데, 일반인들의 눈에 뜨이지 않던 이 문자들이 금석학(金石學)에 조예가 깊었던 왕의영의 눈에 뜨인 것이다. 이후 '용골'로 불리던 이 약재는 중국 최초의 문자로 새로 태어나게 되었다.

(2) 청동기에 주조된 금문(金文)

고대 중국인들에게 청동기(靑銅器)의 발명은 핵폭탄의 발명에 버금가는 대단한 것이었다. 새로운 청동기 무기를 든 종족은 마제석기(磨製石器)를 들고 투항하는 방국(方國)과 싸워 자신들의 역량을 확대해 갔다. 그들에게 청동기는 권위를 상징하는 것이었고, 주(周)나라 사람들은 이러한 청동기의 내부에 문자를 새겨 넣었다.

갑골문에서 금문으로의 변화는 서사(書寫) 재료가 짐승의 뼈에서 청동기로 바뀌었다는 것이며, 이에 따라 한자의 자형은 굵은 곡선으로 변했고, 한자의 자종(字種) 수도 급격히 증가하는 등 한자의 발전에도 많은 영향을 끼쳤다.

청동기

금문

(3) 진시황의 통일: 대전(大篆)과 소전(小篆)

대전(大篆)　　　　　　　　　소전(小篆)

주(周)나라 천자(天子)의 권위가 떨어지면서 춘추전국시대가 시작되었고, 각 제후국들은 주(周)나라의 문물 대신 고유의 것을 만들고 싶어 했다. 이에 기존에 동일했던 화폐, 도량형, 수레의 궤폭 등이 달라지게 되었고, 문자 역시 조금씩 달라졌다.

진시황(秦始皇)은 전국을 통일한 뒤에, 통일 전에 자신들이 사용해 왔던 대전(大篆)을 조금 개량한 소전(小篆)을 만들고, 이를 전국의 공용 문자로 선포하였다. 중국 최초의 문자 통일이다.

간과할 수 없는 사실은, 대전은 주나라의 금문과 크게 다르지 않았다는 점이다. 즉 동방의 육국(六國)이 조금씩 다른 문자인 고문(古文)을 만들어 사용할 때, 진나라는 주나라의 문자를 거의 그대로 쓰고 있었다. 진시황은 전국 통일 후, 자신들의 문자인 대전을 토대로 소전을 만들었고, 이를 가지고 전국의 문자를 통일한 것이다. 만일 진나라가 아닌 동방의 여섯 나라 중 한 나라가 전국을 통일하고, 그들의 문자를 가지고 전국의 문자를 통일했다면, 오늘날 갑골문, 금문으로 이어지는 한자의 역사에 다소간의 공백이 생겼을 가능성도 전혀 배제할 수는 없다. 바로 이 점이 진시황이 한자에 미친 영향이다.

(4) 하급 관리들의 실용적인 문자, 예서(隷書)

예서

진시황에 의하여 전국의 문자는 소전으로 통일되었으나, 당시 매우 바쁜 하루를 보내던 하급 관리들에게 소전은 불편하기 짝이 없었다. 왜냐하면 소전은 구불구불 이어지는 필획으로 인해 글자를 쓰기가 어려웠을 뿐만 아니라 잘못 읽는 경우도 많았기 때문이다. 이로 인해 딱딱 끊어 써서 알아보기 쉬운 새로운 문자가 탄생하게 된다.

이 새로운 문자를 '예서(隷書)'라고 부르는데, 이 명칭에는 예서에 대한 경시가 반영되어 있다. 즉 '예(隷)'는 '노예'를 지칭하는 것으로, 당시 옥리(獄吏)처럼 신분이 낮은 계층에서 또박또박 끊어 쓰는 예서를 쓰고, 높은 신분의 사람들은 여전히 소전을 썼기 때문에 붙여진 명칭이다.

우리가 요즘 '국(國) 자는 11획이다'라고 말할 때 획(劃)이란 한번 붓을 종이에 대었다가 떼어내는 횟수를 의미하는데, 바로 이러한 필획의 개념이 처음 적용된 것이 예서이며, 일반적으로 한자를 고문자(古文字)와 금문자(今文字)로 구분할 때 금문자의 시작을 예서로 삼는다.

(5) 휘갈겨 쓴 초서(草書)

구불구불 이어지던 소전의 필획을 딱딱 끊어 썼던 예서는 알아보기 쉬웠던 반면 쓰기가 불편했다. 당시의 서사(書寫) 도구가 오늘날의 볼펜 같은 것이었다면 쓰기 편했겠지만, 그때는 붓으로 글자를 써야 했기 때문에 딱딱 끊어 써서 필획의 양끝이 뭉툭했던 예서는 빨리 쓰기가 어려웠다. 이에 딱딱한 예서를 빠른 속도로 휘갈겨 쓰는 새로운 서체(書體), 초서(草書)를 만들어냈다.

李 堈 涉 / 陶淵明詩 90 × 300
LEE GON-SEON / 'Tao Yun Myung's Poems'

초서

그러나 초서는 빨리 쓴다는 장점이 있었던 반면, 글자를 알아보기 힘들다는 단점을 지니게 되었다. 즉 초서는 장초(章草)-금초(今草)-광초(狂草)의 단계로 발전하면서 글자의 일부를 생략하거나 윤곽만을 휘갈겨 쓰게 되었고, 이에 쓴 사람조차 잘 알아보기 어려울 정도로 변하였다. 따라서 초서는 언어를 기록하는 문자로서의 역할 외에 심미적인 만족감을 충족시키는 예술의 장르로 발전하게 되었다. 서예(書藝)의 시작인 것이다.

(6) 가장 모범적인 해서(楷書)

해서

예서의 알아보기 쉽다는 장점과 초서의 빨리 쓸 수 있다는 장점을 결합하여 만든 서체가 바로 해서(楷書)이다. 해서는 위진남북조 시기에 서서히 등장하다가 당대(唐代)부터는 한자의 가장 전형적이고 모범적인 서체(書體)가 되었다. 오늘날 우리가 사용하는 한자는 해서에 해당된다.

(7) 해서의 필기체, 행서(行書)

초서의 서법(書法)이 유행하고 있던 시기에 등장한 해서는 초서의 전통을 쉽게 받아들였다. 즉 해서를 초서의 서법으로 쓴 행서(行書)가 등장한 것이다. 그러나 행서는 초서와는 달리 해서를 빨리 휘갈겨 썼음에도 필획을 생략하지는 않았기 때문에, 초서처럼 알아보기 힘들지는 않았다. 지금 우리가 해서를 손으로 쓴다면, 넓은 의미에서 행서라고 할 수도 있다. 따라서 행서는 해서의 보조

행서

서체로서 오늘날까지 즐겨 사용되고 있다.

(8) 인민을 위한 간체자(簡體字)

1949년, 모택동(毛澤東)은 새로운 중국(新中國)을 건국하였다. 그러나 그에게 남겨진 것은 가난하고 헐벗고 무식한 노동자, 농민, 부녀자였다. 보다 큰 문제는 그들 대부분이 문맹(文盲)이었다는 점이다. 모택동은 한자 학습의 어려움이 첫째, 한자의 모양이 너무 복잡하다, 둘째, 외워야 할 한자가 너무 많다, 셋째, 각 지역마다 방언(方言) 음(音)의 차이가 커서 동일한 글자임에도 발음이 서로 다르다라는 것을 알고, 바로 한자 개혁을 시작하였다.

마오(毛) 정부의 한자 개혁은 이체자 정리, 한자의 간화, 한어병음 방안의 제정 및 보급으로 진행되었는데, 이에 대해서는 이 책 V장에서 상세히 다루기로 한다.

3. 한자는 왜 표의문자가 되었는가

대표적인 표의문자는 한자이고, 대표적인 표음문자는 알파벳이다. 한자가 왜 표의문자가 되었는가를 살펴보기 전에 먼저 알파벳은 왜 표음문자가 되었는가를 간단히 살펴보기로 한다.

1) 알파벳은 왜 표음문자가 되었는가

약 1,200년 전, 페니키아 문명은 페니키아문자를 만들었고, 이 문자는 이후 그리스, 에트루리아, 라틴문자로 이어지면서 마침내 알파벳으로 발전하였다. 알파벳은 단순하면서도 사용하기 용이하다는 장점으로 인하여 현재 가장 많이 사용되는 문자 체계가 되었다. 알파벳이 왜 표음문자가 되었는가를 알아보기 위해서는 페니키아문자의 특징을 알아야 한다.

(1) 페니키아문자(Phoenician Alphabet)

페니키아는 현재의 레바논, 시리아, 이스라엘 일부에 위치했던 고대 문명이며, 페니키아문자는 이집트의 히에라틱 문자(성직자 문자)와 같은 표의문자의 영향을 받아 약 1,200년 전에 처음 탄생했지만, 복잡한 의미 중심의 문자 체계 대신 소리를 표기하는 간단한 체계로 변화했다.

페니키아문자는 표의문자에서 벗어나 소리(음소)를 표기하는 간결한 시스템으로, 22개의 자음으로 구성된다. 즉 자음만 표기하고 모음은 기록하지 않았지만, 문맥으로 의미를 파악했으며 오른쪽에서 왼쪽으로 쓰였다.

페니키아문자가 표음문자로 발전한 이유는 무엇일까?

■ 언어적 배경

페니키아어는 셈어 계열(Semitic languages)의 언어로, 자음 중심의 언어 구조를 가진다. 셈어 계열은 아프로아시아어족(Afro-Asiatic family)에 속하는 언어 그룹으로 중동과 북아프리카 지역에서 주로 사용되는 언어들을 포함하는데, 셈어는 대부분의 단어가 자음 뼈대(consonantal root)를 중심으로 구성되며 모음은 문법적 변화와 맥락에 따라 유동적으로 사용된다. 따라서 자음만 표기해도 의미를 전달할 수 있었고, 모음은 생략해도 의사소통에 문제가 없었다.

■ 실용적 필요성

페니키아는 상업과 무역 중심의 문명이었기 때문에 다양한 지역과 사람들(다른 언어 사용자 포함) 간에 빠르고 간단한 의사소통이 필요했다. 이에 따라 페니키아문자는 간단하고 배우기 쉬운 표음 체계로 발전하여 무역 상대국에서도 쉽게 사용할 수 있게 되었다.

■ 간소화된 문자 체계의 이점

페니키아문자는 22개의 자음 문자로 구성되어, 복잡한 형태나 많은 글자를 외울 필요가 없었다. 이는 학습과 사용에 유리했으며, 다양한 사용자들에게 쉽게 확산될 수 있었다. 또한 단순하면서도 유연한 표음문자 체계는 새로운 언어에 쉽게 적용될 수 있었다.

알파벳은 이러한 페니키아문자로부터 발전되어 만들어진 대표적인 표음문자이다.

2) 한자가 표의문자가 된 주요 배경

현재 우리가 볼 수 있는 가장 오래된 한자는 상(商)나라 때 사용한 갑골문(甲骨文)이며, 지금까지 발견되어 고석(考釋)이 된 갑골문은 이미 표의문자로서의 체계를 완정히 갖춘 문자 체계라고 할 수 있다.

그렇다면 한자는 왜 처음부터 표의문자로 시작했고, 이후 표음문자로 변환되지 않고 계속 표의문자로서 존재했는가? 다음에서 그 배경을 살펴보기로 한다.

(1) 지역적 발음 차이: 방언

중국은 예로부터 영토가 넓고 민족이 다양했기 때문에 지역마다 다양한 방언이 사용되고 있었고, 동일한 한자라도 지역마다 발음이 달랐다. 따라서 만일 언어의 소리를 표기하는 문자, 즉 표음문자를 사용했다면 전국을 원활하게 통치하고 관리하기에 한계가 있었을 것이고, 지역인 사이의 의사소통도 어려웠을 것이다.

따라서 언어의 소리가 아닌 문자의 모양으로 구체적인 뜻을 전달하는 표의문자는 지역적 발음 차이를 극복하여 의사소통을 원활하게 하고, 중앙정부의 통치를 효과적으로 진행하는 데 도움이 되었다. 예를 들어 '人'은 북경어로 [rén], 광둥어로 [jan]이지만, 한자의 모양은 동일했으므로 의미를 전달할 수 있었다.

(2) 유구한 역사

최초의 한자인 갑골문(甲骨文)은 상(商)나라 시기에 이미 만들어졌고, 이후 진(秦)나라의 소전(小篆)까지 금문(金文), 대전(大篆)의 과정을 겪으며 오랜 기간 변화·발전해 가며 사용되었기 때문에, 이미 사용 중인 한자 체계와 다른 체계의 문자를 새로 창조하기는 어려웠을 것이다.

(3) 통일국가의 통치

하(夏)나라를 거쳐 역사 시기가 시작된 상(商)나와 주(周)나라 시기부터 중국은 넓은 영토를 지닌 국가로 성장하였고, 진시황(秦始皇)의 전국 통일로 중국 최초의 통일 국가인 진(秦)나라가 시작되었다. 이후 한(漢)나라에서 청(淸)나라까지 중국은 대규모 국가 체제를 유지해야 했으므로, 다양한 분야(정치, 경제, 행정, 군사, 농업 등)에서 중앙정부와 지방정부, 정부와 민간 사이에 의미를 정확히 전달해야 할 필요성이 높았다.

(4) 문화의 전승

중국에는 오래 전에 쓰여진 귀한 저서가 많다. 경전(經傳), 시(詩), 사(詞), 희곡(戲曲), 소설(小說) 등 다양한 장르의 문학작품뿐만 아니라 오랜 기간에 거쳐 쓰여진 소중한 역사서도 매우 많다. 모두 한자로 쓰여졌고, 그래서 지금도 읽을 수 있다.

만일 한자가 표음문자였다면 당시의 발음으로 기록했을 것이며, 아마도 완벽히 읽거나 해석하지 못했을 것이다. 왜냐하면 언어는 끊임없이 변천해 왔고, 그 과정에서 다량의 어휘가 폐기되거나 새로 만들어졌기 때문이다. 즉 표의문자인 한자로 기록된 고문헌은 '소리'가 아니라 '의미'를 기록하고 있기 때문에, 지금도 우리가 해석하고 읽을 수 있다.

중국의 역대 왕조는 옛것을 숭상하고 이어가는 것을 중시하였다. 기원전 춘추 시기, 황하 유역에서 수집된 집단 노동요의 가사를 옮겨 놓은 ≪시경(詩經)≫은 수천 년의 시간 동안 중국의 문인들에게 암송되고 인용되었다. 공자가 말한 '온고이지신(溫故而知新)'은 중국 역대 왕조를 관통해 지금까지 이어지고 있다. 따라서 한자 이외의 새로운 문자 체계를 만들어 과거의 문화와 유산을 이어가는 것을 어렵게 할 의도와 필요성이 없었던 것이다.

4. 표의문자로서의 한자의 장점과 한계

한자는 언어의 소리를 표기하는 표음문자가 아니라 언어의 의미를 나타내는 형상을 취하여 만든 표의문자이다. 표의문자로서의 한자는 문자로서의 역할에 장점과 한계가 존재하는데, 다음에서 주된 두 가지에 대해서 살펴보기로 한다.

1) 한자의 장점: 조어(造語) 능력

사회가 변화하고 발전하면 새로운 사물과 새로운 개념이 대량 생성되는데, 명명할 이름이 없으면 언어와 사회구조 간에 긴장과 모순이 생겨나며, 이러한 긴장과 모순은 언어의 발전과 변화를 촉진하여 신조어가 생성되는 중요 기반이 된다. 또한 인간의 사유 능력은 끊임없이 향상되고 풍부해지며 복잡해지는 가운데 인식하지 못하던 것을 인식하게 되어, 그에 따른 신조어가 대량으로 생성되게 된다.

신조어는 중국어로 新詞語 또는 新詞라고 하며, 사전적인 의미는 '사회 교류의 필요성에 적응하기 위하여 새로 만들어진 어휘'이다.

이러한 신조어를 효과적으로 생성하는 데는 언어학적으로 한자가 매우 유리하게 작용한다. 즉 모든 한자는 고유의 자형(字形)과 자의(字意), 자음(字音)을 지니고, 한자를 문자로 사용하는 중국어는 그래서 단음절어(mono-syllabic language)이다.

단음절어라는 특성으로 인해 중국어는 새로운 어휘를 만들어내는 조어(造語) 능력이 매우 뛰어나다. 몇 가지 예를 들어 보자.

① 白富美[báifùměi] / 高富帅[gāofùshuài]

白富美는 흰 피부에 돈이 많고 집안 좋은 예쁜 여성을 뜻하는 신조어로, '白'는 피부가 하얗고, '富'는 경제력이 있으며, '美'는 예쁜 여자를 말한다. 高富帥는 큰 키에 부유하고 잘생긴 남성을 뜻하는 신조어로, '高'는 키가 크고, '富'는 부유하며, '帥'는 잘생긴 남성을 말한다.

이는 중국의 급속한 경제성장으로 인해 도시와 농촌 간의 소득 격차가 커지고 도시 안에서도 빈익빈 부익부의 현상이 심화되면서, 소위 1등 신랑·신붓감의 가치 기준도 바뀌어 사회적으로 이런 조건을 가진 여성과 남성이 선호되는 현상을 지칭하기 위해 만들어진 신조어이다. '白', '富', '美', '高', '富', '帥' 모두 고유의 의미를 지니기 때문에, 이렇게 글자 하나하나를 새로 조합하면 새로운 의미의 어휘가 쉽게 만들어진다.

② 拆哪[chāinǎ]

'拆'는 '부수다', '哪'는 '어디'라는 뜻으로, 직역하면 '어디를 부수나?'이다. 이 신조어는 '拆哪'의 발음이 'CHINA'와 비슷하여, 도시환경 개선 사업을 핑계로 도시의 빈민가를 철거하는 정부를 비판하기 위하여 만들어졌다.

③ 富二代[fù'èrdài] / 貧二代[pínèrdài]

'부유하다'는 뜻의 '富'와 '2세'를 뜻하는 '二代'가 합쳐진 어휘로, 부모의 부를 대물림한 사람, 즉 한국어의 '금수저'에 해당되는 신조어이다.

반대로 '貧'은 '빈곤하다'라는 뜻으로, '貧二代'는 부모의 가난을 대물림한 사람, 즉 한국어의 '흙수저'에 해당되는 신조어이다.

④ 孩奴[háinú], 房奴[fángnú], 车奴[chēnú], 卡奴[kǎnú], 证奴 [zhèngnú]

孩奴는 출산 후 자녀의 양육을 위해 높은 비용을 감당하는 부모를 말하고, 房奴는 은행 대출을 무리하게 받아 주택을 구입한 후 대출금 상환 때문에 궁핍한 생활을 하는 사람을 말한다. 车奴는 무리하여 고급 차를 구입한 뒤 관리와 유지를 힘들어하며 고통을 받는 사람을 말하고, 卡奴는 신용카드를 과도하게 사용한 후 돈을 갚지 못해 빚더미에 앉은 사람을 말한다.

이외 취업난으로 각종 자격증 취득을 위해 많은 비용을 지출하고 경제적으로 힘들게 사는 젊은층을 证奴라고 한다.

현대 중국 사회의 높은 물가와 실업률, 중국인의 과소비 등 새로운 사회 현상이 출현하자 이를 지칭할 새로운 어휘가 필요하게 되었는데, 단음절어인 한자를 이용하여 매우 함축적으로 새로운 신조어를 만든 것이다.

이처럼 새로운 어휘를 함축적이면서도 간략하게 만들어낼 수 있다는 점이 표의문자로서 한자가 지닌 장점 중의 하나이다.

2) 한자의 한계: 외래어 표기

한자는 이처럼 의미를 담은 문자이기 때문에 여러 장점도 있지만, 새로운 문물, 특히 외래어를 표기하기에 매우 불편한 문자이기도 하다.

예를 들어 미국의 유명한 배우들의 이름을 중국어로 말하고, 한자로 쓰기는 매우 불편하고 어렵다.

한글 표기	영문 표기	중문 표기
톰 크루즈	Tom Cruise	汤姆·克鲁斯(Tāngmǔ Kèlǔsī)
브래드 피트	Brad Pitt	布拉德·皮特(Bùlādé Pítè)
안젤리나 졸리	Angelina Jolie	安吉丽娜·朱莉(Ānjílìnà Zhūlì)

표음문자인 한글은 영문 발음을 거의 그대로 옮겨 쓸 수 있지만, 표의문자인 한자는 영문 발음을 그대로 옮겨 쓸 수 없기 때문에 비슷한 발음이 나도록 한자를 조합해야 하는 불편함이 있다.

세계화가 이미 진행된 상황에서 외래어의 유입은 중국도 막을 수 없다. 다만 효과적으로 외래어를 표기하기 위해서 중국은 지금 크게 네 가지 방식으로 외래어를 표기하고 있다.

(1) 발음만 비슷하게 음역(音譯)하는 방식

외래어의 원래 발음을 최대한 비슷하게 음역하며, 이때 한자의 뜻은 고려하지 않는다. 다음은 그 예시이다.

麦当劳(Màidāngláo) → 맥도날드(McDonald's)

汉堡包(Hànbǎobāo) → 햄버거(Hamburger)

匹萨(Pǐsà) → 피자(Pizza)

沙发(Shāfā) → 소파(Sofa)

路易威登(Lùyì Wēidēng) → 루이비통(Louis Vuitton)

발음은 비슷하지만 한자의 뜻과 관계가 없거나 무의미한 조합이기 때문에, 만일 이 단어가 외래어를 표기한 것임을 모르거나 이 외래어가 무엇을 지칭하는지 모를 경우, 의미를 파악하기가 매우 어렵다.

(2) 발음과 의미를 동시에 고려하는 방식

발음과 함께 뜻까지 반영하여 외래어를 번역한다. 즉 발음도 원어와 비슷하면서도 한자의 의미도 고려한 조합이다. 다음은 그 예시이다.

可口可乐(Kěkǒu Kělè) → 코카콜라(Coca-Cola)

→ 可口(맛있다) + 可乐(즐겁다) → 맛있고 즐겁다

百事可乐(bǎishì kělè) → 펩시콜라(Pepsi-Cola)

→ 百事(백 가지 일) + 可乐(즐겁다) → 모든 일이 즐겁다

家乐福(jiā lè fú) → 까르푸(Carrefour)

→ 家(집) + 乐(즐겁다) + 福(복되다) → 집집마다 즐겁고 복이 넘
친다

耐克(Nàikè) → 나이키(Nike)

→ 耐(견디다) + 克(극복하다) → 어려움을 견디고 극복한다

한자의 뜻을 고려하지 않고, 외래어의 발음을 최대한 비슷하게 음
역하는 것보다, 한자의 의미와 발음을 모두 고려한 이 표기법은 중국
인과 외국인에게 자연스럽게 받아들여졌다.

■ 可口可乐의 유래

코카콜라가 중국에 처음 들어왔던 1920년대에는 코카콜라를 '蝌蝌
啃蜡'라는 이름으로 불렀다. 이것은 단순히 코카콜라의 발음만을 고
려하여 만든 이름(kē kē kěn là)으로, '蝌蝌'는 '올챙이'라는 의미이
고, '啃'은 "입으로 뭔가를 들이켜다" 혹은 "깨물다"라는 뜻이다. 따라
서 중국인들에게 처음 '검은 액체'가 소개될 때, 제품도 생소한 데다가
이름까지 이상한 이 음료는 '올챙이를 바짝 말려서 깨물어 먹거나 혹
은 후루룩 들이마시는 것'이라는 인상을 주게 되었다. 뜨거운 차를 마
시는 데 익숙한 중국인들에게 이렇게 이상한 탄산음료는 선뜻 받아들
이기 힘든 대상이었다.

이런 문제를 간파한 영국 런던의 코카콜라 회사는 1933년 6월 런던 시민을 대상으로 코카콜라의 중국 이름 짓기 경품 행사를 벌였고, 그때 마침 영국에 유학하던 중국 청년이 생활비를 벌기 위해 이 행사에 응모하여 당선되었는데, 그 이름이 바로 可口可乐였다.

(3) 일부는 발음, 일부는 의미를 반영하는 방식

단어의 일부는 원어의 발음을 살리고, 나머지는 뜻을 고려하여 조합하는 방식이다.

중국어	발음	원어	뜻	결합 원리
因特网	yīn tè wǎng	internet	인터넷	因特(음역)+网(net)
高爾夫球	gāo ěr fū qiú	golf	골프	高爾夫(음역)+球(공)
乒乓球	pīng pāng qiú	ping-pong	탁구	乒乓(음역)+球(공)
啤酒	pí jiǔ	beer	맥주	啤(음역)+酒(술)
冰淇淋	bīngqílín	Ice Cream	아이스크림	冰(얼음)+淇淋(음역)

(4) 원어의 뜻을 한자로 의역(意譯)하는 방식

원어의 발음과는 무관하게 원어의 의미를 나타내는 한자로 새로 조합하여 표기하는 방식이다.

중국어	발음	원어	한자 의미
鸡尾酒	jī wěi jiǔ	cocktail	혼합주(수탉의 꼬리)
电脑	diàn nǎo	computer	전자 두뇌
减肥	jiǎn féi	diet	살을 줄이다

守门员	shǒu mén yuán	goal keeper	골 지키는 사람
网络	wǎngluò	Internet	그물처럼 연결된 것
宝马	bǎo mǎ	BMW	귀한 말(차)
热狗	rè gǒu	hot dog	뜨거운 개
微软	wēi ruǎn	Micro Soft	작고 부드럽다
手机	shǒujī	Mobile Phone	손에 들고 다니는 기계

이 표기법은 원어와 발음이 다르지만, 의미를 완전히 반영하여 중국어 어휘로 정착되었는데, 외국인의 입장에서는 새로운 중국어 어휘를 공부하는 것과 같은 부담이 되기도 한다.

이처럼 중국어는 표의문자인 한자를 사용하고, 한자는 외래어의 발음을 표기하기 어렵기 때문에, 외래어를 쓰거나 읽을 때 불편한 점이 많다.

IV.
효율적인
한자 학습법

IV. 효율적인 한자 학습법

    중국어 학습을 시작하면서 학습자가 가장 큰 부담을 가지는 부분은 한자 학습에 대한 어려움이다. 중국어 발음은 우선 한어병음을 익히고, 한국어에 없는 발음에 대해 반복적으로 연습을 하면 어느 정도 쉽게 해결이 된다. 중국어 문법은 우리에게 가장 익숙한 외국어인 영어의 문법과 비교하면 비교적 간단하고, 또 학습 내용이 정해져 있기 때문에 역시 큰 부담이 되지 않는다. 하지만 중국어를 읽거나 쓰기 위해서는 반드시 한자 학습이 선행되어야 하는데, 모양이 복잡하고 알아야할 글자 수도 많다 보니 학습자에게 큰 부담으로 다가온다.

    더욱이 중국어 교육 현장에서는 한자 학습에 대한 기회와 시간이 거의 주어지지 않고 있다. 즉 대부분의 중국어 수업은 가장 먼저 한어병음을 익히고, 성모와 운모, 성조를 결합하여 중국어 표준음을 연습하는 것으로 시작한다. 그리고 바로 기본적인 회화체 문장을 읽고, 해석하며, 수준에 맞는 문법을 학습하는 방식으로 진행된다.

    하지만 학습자는 "大家好! 很高兴见到大家, 我叫彼得。(모두 안

녕! 만나서 무척 기뻐, 내 이름은 피터야.)"라는 간단한 문장을 학습할 때, 발음이나 문법보다 복잡한 모양의 한자를 어떻게 쓰고 외워야 하는지가 더 큰 부담이 된다.

그럼에도 중국어 교육 현장에서 한자 교육이 제대로 이루어지지 않고, 한자 학습은 고스란히 학습자 스스로 해결해야 하는 것이 현실이다.

앞에서 서술한 언어와 문자의 관계, 중국어 및 한자의 특징을 바탕으로, 지금부터 효율적인 한자 학습 방안을 제시하고자 한다.

1. 중국어 학습에 필요한 한자의 수

한자는 모두 몇 글자일까? 또 한자는 몇 자를 알아야 할까?

중국어 학습을 하면서 외워도 외워도 계속 모르는 한자를 만나게 되면, 이런 의문을 가지게 된다. 아래에서 한자의 수와 우리가 알아야 할 한자에 대해서 살펴보기로 한다.

1) 한자는 모두 몇 글자일까?

한자는 우선 수량이 방대하고, 예전에 사용되다가 도태된 한자도 있고, 시간이 지나면서 새로 만들어진 한자도 있다. 따라서 한자의 수를 정확히 계량하는 것은 거의 불가능하다.

다만 시기별로 중국에서 출판된 대표적인 자전(字典)에 수록된 한자의 수를 근거로 한자의 수를 추정할 수는 있다.

(1) 《설문해자(說文解字)》

중국 역사상 최초로 체계적인 방식으로 한자를 분석하고 설명한 자전으로, 한자학 및 중국 문자학의 기초를 다진 중요한 저작이다. 동한(東漢) 시기의 학자 허신(許慎)이 A.D. 100년경에 편찬하였고, 허신이 사망한 후인 약 121년경에 아들 허총(許沖)이 출판하였다.

'說文'이란 글자의 구조를 해석하고 설명한다는 뜻이고, '解字'는 글자의 의미를 풀이하다라는 뜻이다. 처음으로 540개의 부(部)를 세우고, 각 부(部)의 첫 번째 글자를 부수(部首)라고 칭했다.

한자의 조자(造字) 방법인 상형(象形), 지사(指事), 회의(會意), 형성(形聲), 전주(轉注), 가차(假借)의 '육서(六書)'를 처음으로 설명하면서 해당되는 한자를 예로 들었다. 특히 이미 예서(隷書)가 보편적으로 사용되던 동한 시기에 소전(小篆)을 표제자로 삼아 한자의 구조를 분석함으로써 오늘날 고문자 연구에 큰 도움이 되고 있다.

《설문해자》에는 표제자 총 9,353자와 重文(이체자) 1,163자가 수록되어 있다.

(2) 《옥편(玉篇)》

한국 사람에게 친숙한 《옥편》은 남조(南朝) 송나라 시기에 편찬되었다. 정확한 출간 시기는 알 수 없고, 대략 514년경에 송나라의 구양

순(顧彪)이 편집한 것으로 알려져 있다.

'玉'은 고귀함과 가치를 상징하고, '篇'은 글이나 책을 의미하므로, '옥편(玉篇)'은 '귀하고 중요한 책'이라는 뜻을 내포하고 있다.

《설문해자》의 부수 체계를 약간 수정하여 542개의 부수를 세웠고, 주로 소전과 예서를 대상으로 당시의 문자 형태와 의미, 발음, 쓰임 등의 용법을 설명함으로써 후대의 한자 자전 편찬에 비교적 큰 영향을 끼쳤다.

《옥편》에는 16,917자가 수록되어 있다.

(3) 《강희자전(康熙字典)》

중국 역사상 가장 방대한 한자 자전 중 하나로, 한자 연구와 중국어 학습에 있어 중요한 자료로 평가받는다. 특히 현대 한자 자전 체계에 큰 영향을 미쳤으며, 오늘날까지도 널리 참고되고 있다.

청나라 강희제(康熙帝)의 명령으로 장옥(張玉), 진정(陳廷敬) 등을 중심으로 한 많은 학자가 함께 1710년에 편찬을 시작하여 1716년에 완성하였는데, '康熙'는 강희제의 연호에서 따온 이름이고, '字典'은 글자를 풀이하는 사전을 의미한다.

당시 사용되던 한자의 모든 정보를 체계적으로 정리하여, 학자와 관리들이 참고할 수 있도록 제작한 자전으로 214개의 부수로 글자를 분류하고, 각 부수에 속한 글자들의 발음, 의미, 예문, 용례, 출처를 상세히 설명함으로써 고대 문헌 해독과 전통 한자 연구에 필수적인 자료로 평가된다.

고대 한자부터 청나라 시기까지의 문자를 총망라하여 총 47,035자를 수록하였다.

(4) 《중화자해(中华字海)》

중국 국무원의 승인을 받아 1996년에 편찬되었다. 한자에 대한 연구를 체계적으로 정리하고 현대와 고대의 문자를 망라하기 위해 기획된 자전으로, 중국에서 출판된 가장 포괄적이고 방대한 한자 자전이다.

현대 한자뿐만 아니라, 고대 중국어에서 사용된 문자, 소수민족 언어의 문자, 방언 문자, 이체자 등을 모두 포함하여 총 85,568자를 수록하였는데, 이는 기존의 대표적인 한자 사전인 《한어대자전》의 54,678자보다 더 많은 글자를 수록한 것이다.

이상의 내용을 표로 정리하면 아래와 같다.

자전명	편찬 시기	수록 글자 수
설문해자	후한(2세기)	9,353자
옥편	남조(5세기)	16,917자
강희자전	청(1716년)	47,035자
중화자해	중국(1996년)	85,568자

위 표와 같이 한자는 지속적으로 증가하여 왔으며, 가장 최근에 편찬된 《중화자해》를 기준으로 말하자면, 한자는 모두 8만 5천여 자이다.

2) 중국어를 학습하려면 한자를 얼마나 알아야 할까?

위에서 살펴본 대로 한자의 수는 정말 많다. 그렇다면 한자를 공식 문자로 사용하는 중국 사람들은 몇 자의 한자를 알아야 할까?

중국인이 생활에서 필요로 하는 한자의 수는 상황에 따라 다르지만, 일반적으로 약 2,500~3,000자를 알면 일상생활에서 충분히 소통할 수 있다.

즉 1988년 1월 26일 중국의 국가어언문자공작위원회(国家语言文字工作委员会)와 국가교육위원회(国家教育委员会)는 《현대한어상용자표(现代汉语常用字表)》를 발표하였는데, 이 표에는 중국인이 일상생활에서 주로 사용하는 2,500자의 상용(常用) 한자가 정리되어 있고, 이외에도 사용 빈도가 조금 낮지만 필요한 차상용(次常用) 한자 1,000자가 수록되어 있다.

따라서 중국인이 일상생활에서 신문, TV, 인터넷 등을 사용하기 위해 알아야 할 한자는 최대 3,500자라고 할 수 있다.

물론 학술적 연구나 고대 문헌 해독을 위해서는 더 많은 한자를 알아야 한다. 예를 들어, 고문을 해독하거나 전문용어를 이해하려면 약 5,000자 정도의 한자를 추가로 알아야 한다.

결론적으로 외국어로서 중국어를 학습하기 위해서는 3,500자 정도의 한자만 알면 되고, 만일 중국 관련 전문 분야에서 연구 활동을 하려면 5,000자 정도의 한자를 더 알아야 한다.

2. 한자는 어떤 순서로 학습해야 할까?

다량의 한자를 효과적으로 학습하기 위해서는 어떤 한자를 먼저 학습할 것인가가 중요하다.

1) 한국어 안의 한자어

1957년 한글학회에서 편찬한 ≪큰사전≫에 수록된 단어 가운데 약 54.5%가 차용어이며, 이 가운데 약 84.4%가 한자어이다. 또한 ≪우리말 어휘 사용 빈도 조사≫에 의하면 56,096개 낱말 가운데 한자어는 39,563개로 70%를 점유한다.

한자어란 어휘항을 구성하는 개별 음절이 해당 한자의 독음과 일치하는 어휘를 지칭하는 것으로, 우리나라에서 오랜 기간 쓰여 왔기 때문에 외래어라는 인식 없이 우리말 속에서 사용되고 있다. 이처럼 우리말 속에 한자어가 많은 이유는 중국어가 우리에게는 아주 오래전부터 가장 친숙한 외국어였으며, 중국어의 기록 체계인 한자 전래의 역사 역시 매우 오래되었다는 점에서 찾을 수 있다.

한국어에서 한자어의 비율이 이처럼 높다는 것은 한국어 어휘의 상당 부분이 한자어에 의존하고 있음을 보여주는데, 비율은 정확히 측정하기 어렵지만, 일반적으로 아래와 같이 통계한다.

한자어: 태양(太陽), 월광(月光), 수(水), 화(火), 애정(愛情) → 약

60~70%

고유어: 해, 달, 물, 불, 사랑 → 약 25~35%

외래어: 텔레비전, 컴퓨터, 피아노 → 약 5~10%

(1) 한자어 비율이 높은 이유

이처럼 한국어 안의 한자어 비율이 높은 이유는 몇 가지로 정리할 수 있다.

■ 역사·문화적 배경

한자는 문화의 산물이고, 문화는 서서히 전파된 것으로 보아야 하기 때문에 현재로서는 한자의 정확한 전래 시기를 확정하기 어렵지만, 한국과 중국 두 나라의 교류 역사를 통하여 한자의 전래 시기를 추정할 수는 있다. 먼저 한(漢)나라 무제(武帝)가 B.C. 108년에 한반도 지역에 한사군(漢四郡)을 설치한 이후에 한자가 대거 유입되었을 가능성이 있고, 그 후 고구려, 백제, 신라 삼국이 4세기에서 6세기경에 걸쳐 진(晋), 육조(六朝), 수(隋), 당(唐)으로 이어지는 역대 중국 왕조와 육로 및 해로를 통하여 교류를 해왔기 때문에, 이러한 교류 과정에서 한자가 지속적으로 한반도에 유입되었을 것으로 추정이 가능하다. 고구려의 광개토대왕비문(414)에 새겨진 1,800여 자의 한자와 백제의 고흥(高興)이 처음으로 한자를 사용하여 ≪서기(書記)≫를 지었다는 ≪사기(史記)≫의 기록, 신라의 지증마립간(智證麻立干, 500-514)이

처음으로 중국식 주군현제(州郡縣制)를 받아들이고 니사금(尼師今), 마립간(麻立干) 등의 명칭을 중국식 명칭인 王으로 바꾼 사실은 한반도에서는 늦어도 6세기경에 통치 계층에서 한자를 널리 사용하였을 뿐만 아니라 한문을 문어(文語, written language)로 삼았을 것이라는 증거가 된다.

1443년 훈민정음이 창제되고 1446년 반포되면서 점차 한글이 한자를 대체하게 되었지만, 오랜 기간 중국과 교류하면서 한자가 우리말 안에 유입됨으로써 한자어는 한국어 안에 깊이 뿌리내리게 되었다.

■ 추상적·공식적인 표현

우리의 선조들은 한글 창제 이전까지는 한자로 문학작품을 창작하고, 역사를 기록했다. 또한 정치, 법률, 의학 등의 분야에서도 한자는 널리 사용되었다. 이러한 영향으로 한자어는 우리말 안에서 사용되면서 때로는 새로운 의미로 발전되었고, 때로는 우리 고유의 한자가 만들어지기도 하였다.

지금도 한자어는 일상 대화뿐만 아니라 공식 문서, 학술 논문, 뉴스 등 전문 분야에서 많이 사용되고 있다.

(2) 한자어와 중국어 어휘

중국과의 긴밀한 문화적 접촉 과정을 통하여 중국어는 아주 이른 시기부터 우리에게 가장 친숙한 외국어가 되었고, 한자의 차용과 함께 한자어의 도입 역시 대량으로 이루어졌다. 그러나 한자어는 오랜 시일을 거치면서 한국어 어휘 체계 내에서 고유어와 대립되는 한자어로 고착되는 동시에 한국어의 내적 및 외재적 제약성으로 말미암아 형태, 의미, 품사 면에서 첨가와 탈락의 과정을 걸쳐 원어(原語)와 일정한 공통점과 차이점을 나타내는 양상을 보이고 있다.

앞서 제시한 것처럼 우리말 어휘 중 최대 70%가 한자어라는 점은 한국인 중국어 학습자가 중국어를 학습할 때 상대적으로 유리한 조건이 되기도 한다. 즉 한자를 접해보지 않았거나 사용도가 낮은 언어권의 학습자에 비하여 한국인 중국어 학습자는 상대적으로 매우 높은 어휘적 기초를 확보하고 있는 셈이다.

그러나 앞서 언급한 것처럼 한자어는 한국어 안에서 오랜 시간을 거치면서 여러 원인에 의하여 원어와 공통점과 차이점을 동시에 지니게 되었기 때문에, 한자어와 원어의 차이점을 명확히 인지하지 못한다면, 오히려 중국어 학습 시에 한자어의 방해로 인한 언어 오류를 범하기 쉽다.

따라서 한자어에 대한 중국어와의 비교(혹은 대조)를 통해서 두 언어권에서의 한자어 가운데 어떤 어휘가 의미상으로 동일한지 혹은 차이가 있는지를 보다 체계적으로 학습하는 것은 중국어 학습을 위해 매우 중요한 과정이다.

아래에서 몇 가지 예를 들어 한자어와 중국어 어휘의 의미를 비교해 보고자 한다.

■ 동형동의(同形同意)

한자어와 중국어 어휘의 형태소 및 형태소의 배열 위치가 동일하고
의미도 같은 것을 말한다.

① 他在美国大使馆工作. ☞ 그는 미국(美國) 대사관(大使館)에서
   일을 합니다.

② 格林先生, 您是英国人吗? ☞ 톰 그린 선생, 당신은 영국인(英
   國人)입니까?

③ 我们下午去商店, 好吗? ☞ 우리 오후에 상점(商店)에 갑시다.
   괜찮죠?

④ 你想喝什么茶? ☞ 당신은 어떤 차(茶)를 마실겁니까?

⑤ 我是从韩国来的留学生. ☞ 나는 한국(韓國)에서 온 유학생(留
   學生)입니다.

⑥ 你父母今年多大年紀? ☞ 당신 부모(父母)는 금년(今年)에 몇
   세이십니까?

⑦ 二十五号是我的生日. ☞ 25일은 나의 생일(生日)입니다.

⑧ 你成绩好吗? ☞ 당신 성적(成績)이 좋습니까?

⑨ 学生食堂在哪儿? ☞ 학생(學生) 식당(食堂)은 어디에 있습니
   까?

⑩ 这是你的雨伞吗? ☞ 이것은 당신의 우산(雨傘)입니까?

⑪ 周末咱们去学校. ☞ 주말(週末)에 우리 함께 학교(學校)에 가자.

⑫ 请问, 书店在哪儿? ☞ 좀 여쭈어 보겠습니다. 서점(書店)이 어디에 있습니까?

⑬ 图书馆就在那儿. ☞ 도서관(圖書館)은 바로 저기에 있습니다.

⑭ 这是我们的教室. ☞ 이곳은 우리의 교실(教室)입니다.

⑮ 他们都是公司职员. ☞ 저 사람들은 모두 회사 직원(職員)입니다.

위 예문에서 밑줄 친 중국어 어휘 중 일부 한자는 간체자와 번체자라는 차이점은 있으나, 한자어와 동일한 한자를 쓰며 의미 역시 같다. 이 유형에 속하는 한자어는 중국어를 학습하는 한국인에게 매우 유리한 학습 환경을 제공해 준다.

■ 동형이의(同形異意)

한자어와 중국어 어휘의 형태소 및 형태소의 배열 위치가 동일하지만, 의미가 다른 유형이다. 이러한 유형의 한자어는 차지하는 비중이 높지는 않지만, 중국어 학습자에게 모국어(한국어)의 영향으로 제2외국어 학습에 장애를 겪게 하는 언어 방해 현상을 야기하기 때문에, 이 유형에 속하는 중국어 어휘에 대해서는 보다 주의 깊게 학습해야 오류를 피할 수 있다.

① 最近你身体好吗? ☞ 요즘 당신의 건강은 좋으십니까?

　⇒ 한국 한자어에서 '신체(身體)'는 '사람의 몸'이란 뜻이다. 만
　　일 "最近你健康好吗?"라고 한다면 비문이 되며, 이때는 "最
　　近你健康吗?"라고 해야 한다.

② 有什么新闻吗? ☞ 무슨 새로운 소식이 있습니까?

　⇒ 한국 한자어에서 '신문(新聞)'은 '사회에서 일어난 새로운 사
　　건이나 화제 따위를 빨리 보도·해설·비평하는 정기 간행물'
　　이라는 뜻이고, 중국어의 '新闻'은 '새로운 소식', '뉴스'라는
　　뜻이다. 중국어에서 '신문'은 '報紙'라고 한다.

③ 你说的小话, 眞有意思. ☞ 당신이 한 얘기는 정말 재미있습니다.
　 这个字的意思什么? ☞ 이 글자의 의미는 무엇입니까?

　⇒ 한국 한자어에서 '의사(意思)'는 '(무엇을 하려고 하는) 생각
　　이나 마음'이라는 뜻이다. 중국어 '意思'에도 물론 이와 같
　　은 뜻이 있기는 하지만(你的意思怎么样?, 당신 생각은 어때
　　요?), 다른 의미로 사용되는 경우가 많이 있다.

④ 坐汽车去还是坐飞机去? ☞ 자동차를 타고 갑니까, 아니면 비행
　 기를 타고 갑니까?

　⇒ 한국 한자어에서 '기차(汽車)'는 'Train'을 말하지만, 중국어
　　에서 '汽車'는 '자동차'를 뜻한다. 중국어에서 '기차'는 '火
　　車'라고 해야 한다.

⑤ 你爱人好吗? ☞ 당신 아내는 잘 있죠?

⇒ 한국 한자어에서 '애인(愛人)'은 '이성 간에 사랑하는 사람'을 지칭하지만, 중국어에서 '爱人'은 '남편'이나 '아내'를 칭하는 것이 일반적이다. 중국어에서 '애인'은 '情人'이라고 해야 한다.

⑥ 金先生也来吗? ☞ 김 선생님도 오십니까?

⇒ 한국 한자어에서 '선생(先生)'은 존칭, 혹은 '남을 가르치는 사람'을 지칭하지만, 중국어에서 '先生'은 남성에 대한 존칭으로만 쓰인다. 중국어에서 '선생님'은 '老师'라고 해야 한다.

⑦ 好主意! ☞ 좋은 생각이군!

⇒ 한국 한자어에서 '주의(主意)'는 '주되는 요지', '주지(主旨)'의 뜻이지만, 중국어에서 '主意'은 '생각, 의견'이란 뜻이다.

⑧ 昨天你作作业吗? ☞ 어제 숙제 했어요?

⇒ 한국 한자어에서 '작업(作業)'은 '일정한 목적과 계획 아래 어떤 일터에서 일을 하다'는 뜻이지만, 중국어에서 '作业'는 '숙제', '일'이란 뜻으로 쓰인다.

⑨ 你在哪儿工作? ☞ 당신은 어디에서 일하십니까?

⇒ 한국 한자어에서 '공작(工作)하다'는 '물건을 만드는 일' 혹은 '어떤 목적을 위하여 미리 일을 꾸밈'의 뜻이지만, 중국어에서 '工作'는 '일하다'는 뜻이다.

⑩ 你有什么事, 马上告诉我们. ☞ 당신에게 무슨 일이 생기면, 바로 우리에게 알리세요.

⇒ 한국 한자어에서 '고소(告訴)하다'는 '범죄의 피해자나 법정

대리인이 수사 기관에 범죄 사실을 신고하여 수사 및 범인의 소추(訴追)를 요구한다'라는 뜻이지만, 중국어에서 '告诉'는 '알리다, 말하다'라는 뜻이다.

이 유형에 속하는 한자어의 비중은 매우 낮지만, 한국인 학습자가 오류를 범하기 쉽기 때문에, 이 유형의 중국어 어휘를 학습할 때는 보다 세심한 주의가 반드시 필요하다.

■ 이형동의(異形同意)

이 유형은 한자어를 구성하는 형태소가 중국어 어휘와 다르거나, 형태소가 동일하더라도 배열 위치가 다르지만 의미는 동일한 것을 말한다. 즉 동일한 의미를 나타내는 한자어의 형태가 중국어 어휘와 다른 것들인데, 이러한 한자어들은 한국어를 모국어로 사용하는 중국어 학습자들이 중국어를 사용하는 과정에서 '한국식 중국어'를 쓰게 만드는 주요 원인이 된다.

① 附近有加油站吗? ☞ 근처에 주유소(注油所)가 있습니까?
② 坐自行車去也好, 但是我们坐汽车去, 好吗? ☞ 자전거(自轉車)를 타고 가는 것도 좋지만, 우리 자동차(自動車)를 타고 갑시다. 좋지요?
③ 医院里有很多病人, 但是医生很少 ☞ 병원(病院)에 환자(患者)

가 아주 많은데, 의사(醫師)는 적습니다.

④ 明天十点在办公室等你. ☞ 내일 10시에 사무실(事務室)에서 당신을 기다릴게요.

⑤ 我有很多外国朋友. ☞ 나는 외국인 친구(親舊)가 많습니다.

⑥ 停车场离火车站远不远? ☞ 주차장(駐車場)이 기차역(汽車驛)에서 멉니까?

⑦ 在飞机场见面吧! ☞ 비행장(飛行場)에서 만납시다!

⑧ 我们一起去看电影, 好不好? ☞ 우리 함께 영화(映畵) 보러 가요, 어때요?

⑨ 这是我送给你的小礼物. ☞ 이것은 내가 당신에게 주는 작은 선물(膳物)입니다.

⑩ 你知道邮局在哪儿? ☞ 당신은 우체국(郵遞局)이 어디인지 아세요?

이 유형에 속하는 한자어의 다수는 일본의 영향을 받아 만들어진 한자어이다. 따라서 중국어 어휘와 의미는 같더라도 한자어의 형태소가 다르거나 배열 순서가 다른 것이 많다. 물론 이 유형에 속하는 한자어의 비중은 극히 낮지만, 한국인이 중국어를 '한국식'으로 하게 만드는 주요 원인이므로, 이 유형의 중국어 어휘를 학습할 때는 반드시 주의해야 한다.

2) 중국과 한국의 한자 사용 빈도

위와 같이 한국 사람은 일상 생활에서 자연스럽게 한자어를 사용하고 있다. 하지만 우리가 자주 사용하는 한자와 중국 사람이 자주 사용하는 한자는 다르다. 즉 두 나라의 한자 사용 빈도가 매우 다르게 나타난다.

아래는 중국의 북경어언학원출판사(北京语言学院出版社)에서 발행한 《현대한어빈율사전(现代汉语频率词典)》과 한국 국립국어원이 간행한 《표준국어대사전》에서 제시한 중국과 한국에서 사용 빈도가 높은 한자를 빈도순으로 정리한 것이다.

한국의 사용 빈도			중국의 사용 빈도		
1	人	사람	1	的	~의	de
2	大	크다	2	一	하나	yī
3	中	가운데	3	是	~이다	shì
4	國	나라	4	不	아니다	bù
5	生	태어나다	5	了	~했다	le
6	日	날, 해	6	在	~에 있다	zài
7	年	해, 년	7	人	사람	rén
8	本	근본	8	有	있다	yǒu
9	時	시간	9	我	나	wǒ
10	文	글	10	他	그	tā
11	學	배우다	11	这	이것	zhè
12	上	위	12	中	가운데	zhōng
13	下	아래	13	大	크다	dà
14	子	아들, 자식	14	来	오다	lái

15	民	백성
16	地	땅
17	校	학교
18	前	앞
19	後	뒤
20	東	동쪽
21	西	서쪽
22	南	남쪽
23	北	북쪽
24	水	물
25	火	불
26	山	산
27	友	친구
28	國	나라
29	金	금, 돈
30	江	강
31	海	바다
32	正	바르다
33	行	행하다
34	言	말하다
35	愛	사랑
36	家	집
37	天	하늘
38	工	일, 노동
39	友	친구
40	新	새롭다
41	高	높다
42	教	가르치다
43	名	이름

15	上	위	shàng
16	国	나라	guó
17	个	개	gè
18	到	도달하다	dào
19	说	말하다	shuō
20	们	~들	men
21	为	~을 위해	wèi
22	和	그리고	hé
23	地	땅	dì
24	出	나가다	chū
25	道	길	dào
26	时	시간	shí
27	要	원하다	yào
28	就	곧	jiù
29	下	아래	xià
30	看	보다	kàn
31	天	하늘	tiān
32	得	~해야 한다	dé
33	也	~도	yě
34	很	매우	hěn
35	能	할 수 있다	néng
36	多	많다	duō
37	日	날, 해	rì
38	起	일어나다	qǐ
39	发	보내다	fā
40	学	배우다	xué
41	生	태어나다	shēng
42	作	하다	zuò
43	子	아이	zǐ

44	女	여자
45	男	남자
46	愛	사랑
47	和	화합
48	長	길다
49	短	짧다
50	平	평평하다

44	自	스스로	zì
45	年	년	nián
46	好	좋다	hǎo
47	过	지나가다	guò
48	后	뒤	hòu
49	小	작다	xiǎo
50	心	마음	xīn

위 표에서 알 수 있듯이 한국과 중국 모두 한자를 사용하지만, 자주 사용하는 한자는 서로 다르다. 예를 들어 중국의 사용 빈도 1위에서 10위까지의 한자 중 人을 제외한 的, 一, 是, 不, 了, 在, 有, 我, 他는 한국의 한자 사용 빈도 50위 안에 아예 없다.

따라서 중국어 학습 과정에서 효율적으로 한자를 익히기 위해서는 중국에서 자주 사용하는 한자를 먼저 학습하는 것이 중요하다. 즉 중국에서의 한자 사용 빈도 순으로 한자를 학습하는 것이 효율적인 한자 학습법이 될 수 있다.

3. 복잡한 한자는 어떻게 학습해야 할까?

한자의 모양은 매우 복잡하다. 복잡한 모양의 한자를 하나의 '이미지'로 인식해서 암기하려면 정말 쉽지 않다. 왜냐하면 비슷하면서도 모양이 조금 한자들이 너무 많고, 글자의 일부를 빼거나 잘못 쓰면 다른 글자가 되는 경우가 많기 때문이다.

다음에서 한자를 어떻게 학습해야 하는가에 대해서 살펴보기로
한다.

1) 필획(筆劃) 활용 학습법: 자형의 규범화

龘(tà)

48획으로 '용이 하늘을 나는 모습'이란 뜻인데 주로 문학적·예술적
표현에서 사용된다.

麤(cū)

33획으로 '거칠다'란 뜻인데, 고서(古書)나 고전 문학작품에 쓰였다.

齉(ràng)

36획으로, '코가 막힌 소리'라는 뜻이며, 의학 용어에 주로 쓰인다.

위에서 예로 든 한자들은 물론 자주 쓰이지는 않지만, 한자의 모양
이 얼마나 복잡한지를 단적으로 보여준다. 이렇게 복잡한 모양의 한자
를 사람들은 어떻게 모두 똑같이 쓸 수 있을까?

이 해답을 찾기 위해서는 우선 한자의 필획과 규범화에 대해서 알
아야 한다.

'필획(筆劃)'이란 개념은 예서에서 처음 시작되었으며, 이는 한자의 자형이 규범화되었다는 것을 의미한다. 즉 예서 이전의 한자는 자형이 구불구불 이어져서 자형이 고정되지 않았고, 동일한 글자라도 모양이 조금씩 달랐다. 예서는 필획을 딱딱 끊어 써서 오독(誤讀)을 방지한 한자체로, 예서의 등장과 함께 매 글자마다 '몇 획'으로 써야 한다는 규범이 만들어졌다. 예를 들어 '我'는 7획인데, 이는 이 글자를 쓰기 위하여 붓을 종이에 일곱 번 대었다가 때어내야 한다는 의미이다.

이런 규범이 생기면서 아무리 복잡한 모양의 한자라도 획수에 맞게 써야했기 때문에 한자의 자형은 고정되어 규범화되었다. 따라서 한자 학습을 할 때 글자의 필획 수에 맞게 쓰는 연습을 하면, 한자를 정확하게 쓸 수 있게 될 것이며 자형을 암기하는 데에도 도움이 될 것이다.

2) 부수(部首) 활용 학습법

초기 한자는 사물의 형상을 본떠 만든 상형자였기 때문에 하나의 글자는 자체로써 하나의 독립적인 문자(독체자)로 쓰였고, 따라서 '부수'라는 개념조차 필요 없었다. 이후 의미와 의미를 결합하고, 의미와 소리를 결합하면서 한자는 두 개 이상의 한자가 결합된 복잡한 모양(합체자)을 가지게 되었고, 이에 한자를 구성하는 각 글자(독체자)를 같은 의미나 기능을 가진 유형으로 분류하면서 '부수'라는 개념이 출현하였다.

(1) '부수'의 시작

부수(部首)는 동한(東漢) 시기 허신(許慎)이 편찬한 중국 최초의 자전인 ≪설문해자(說文解字)≫에서 처음으로 체계적으로 등장하였다.

허신은 9,353자의 표제자를 '거형계련(鉅形係聯)'의 원칙에 따라 배열하였는데, '거형'은 '크게 형체를 드러낸다'라는 뜻이고 '계련'은 '서로 연결된다'라는 뜻이다. 즉 허신은 한자의 구조를 육서(六書)로서 분석하고, 한자의 의미와 형태적 연관성을 중시하여 표제자를 배열하였다.

중요한 배열 원칙은 우선 동일한 한자를 편방(글자의 일부)으로 삼은 글자들을 모아 하나의 '부(部)'에 귀속시킨 후, 공통적으로 쓰인 편방을 그 부(部)의 가장 처음에 수록하였기 때문에, 이 글자를 부수(部首)라고 칭하였다. 예를 들면 水部에는 '水'를 첫 글자로 수록하여 형음의(形音義)를 설명한 후, 水를 편방으로 삼은 河, 海, 湖, 泉, 流, 江, 湯, 波, 深, 淸 등의 한자를 순서대로 수록하고 각 글자마다 자형을 육서로서 분석하고 자의와 자음을 설명했는데, 水部 첫 글자(首)가 水이므로, '水'는 부수가 된다.

(2) 부수의 수(數)

역대 자전(字典)마다 한자를 분류하는 데 사용한 부수의 수가 서로 다르다. 이는 자전이 편찬된 시대와 지역, 그리고 편찬 목적에 따라 다르게 체계화되었기 때문이다. 역대 주요 자전에서 사용된 부수의 수를 정리하면 아래와 같다.

자전 이름	시대	부수 수	특징
설문해자 (說文解字)	한나라(121년)	540개	최초의 부수 분류, 세분화된 체계
옥편(玉篇)	남조(6세기)	542개	설문해자보다 세분화된 체계
당운(唐韻)	당나라(7세기)	약 240개	발음 중심, 부수 간소화
광운(廣韻)	송나라(10세기)	약 300개	당운 보완, 발음과 의미 중심
강희자전 (康熙字典)	청나라(1716년)	214개	전통 부수의 표준화, 가장 널리 사용
일본 신자사전 (新字辭典)	현대 일본	214개	강희자전 부수 유지, 신자체 반영
한국 한자사전 (漢字辭典)	현대 한국	214개	강희자전 부수를 전통적으로 유지

위 표와 같이 처음 부수를 제시했던 설문해자는 540개의 부수를 사용했지만, 역대 자전 및 운서(韻書)마다 부수의 수는 차이가 있다. 지금은《강희자전》의 214개 부수를 가장 보편적으로 많이 사용한다.

(3) 부수의 위치

부수는 한자의 구성 요소로서 다양한 위치에 나타날 수 있다. 예를 들면 다음과 같다.

왼쪽: 水(氵) (물과 관련) → 河, 海

위쪽: 艸(艹) (풀과 관련) → 花, 草

오른쪽: 刀(刂) (칼과 관련) → 切, 到

아래쪽: 心 (마음과 관련) → 忘, 想

둘러싸는 형태: 囗 (둘러싸임) → 国, 園

주의할 점은 일부 글자들은 단독으로 쓰일 때와 부수로 쓰일 때 자형이 다르다는 것이다. 예를 들면 아래와 같다.

단독 형태	부수 형태	예시 한자	의미
心	忄	情, 恨, 悔, 情	마음, 감정과 관련된 글자
水	氵	河, 海, 泳, 洗	물, 액체와 관련된 글자
火	灬	热, 然, 烈, 焦	불, 열과 관련된 글자
手	扌	把, 打, 接, 持	손으로 하는 행동과 관련된 글자
犬	犭	狗, 狼, 狐, 猫	동물(주로 갯과)과 관련된 글자
艸	艹	花, 草, 茶, 茶	풀, 식물과 관련된 글자
竹	⺮	笑, 算, 笔, 答	대나무와 관련된 글자
言	讠	语, 说, 记, 诗	말, 언어와 관련된 글자
衣	衤	裙, 袜, 补, 袖	옷, 의복과 관련된 글자
金	钅	银, 钢, 钱, 铅	금속, 금속 관련 글자
食	饣	饭, 饮, 饼, 饿	음식, 먹는 것과 관련된 글자
人	亻	休, 住, 作, 传	사람, 행동과 관련된 글자
肉	月	肥, 背, 腹, 肝	고기, 신체와 관련된 글자
玉	王	珍, 珠, 琴, 琉	구슬, 보석과 관련된 글자
牛	牜	牧, 物, 犊, 特	소, 가축과 관련된 글자

(4) 부수 활용 한자 학습

부수(部首)는 한자(합체자)를 구성하는 기본적인 요소로, 한자의 의미나 형태적 특징을 잘 나타낸다. 부수는 한자의 분류 기준으로 사용되며, 한자의 뜻과 연관된 기본적인 의미를 나타내기 때문에 한자의 뜻을 유추하는 데에도 도움이 된다.

① 水(물 수)

　물과 관련 → 河(강), 海(바다), 湖(호수)

② 木(나무 목)

　나무와 관련 → 森(숲), 桑(뽕나무), 梨(배나무)

③ 人(사람 인)

　사람과 관련 → 休(쉬다), 伴(짝)

④ 心(마음 심)

　감정, 마음과 관련 → 恩(은혜), 想(생각), 悲(슬프다), 怒(화내다)

⑤ 火(불 화)

　불, 열과 관련 → 炎(불꽃), 燃(타다)

⑥ 手(손 수)

　손동작과 관련 → 拍(치다), 持(들다)

⑦ 言(말씀 언)

　말과 관련 → 言(말), 話(이야기)

따라서 처음 접하는 한자라고 하더라도 한자를 분석하여 부수를 찾아낼 수 있다면, 그 한자의 의미를 대략적으로 유추할 수 있다. 즉 같은 부수를 공유하는 한자는 의미적으로 연관된 경우가 많으므로, 부수로 쓰이는 한자를 우선적으로 학습한다면 한자 학습의 효율을 높일 수 있다.

3) 고한자(古漢字) 활용 학습법

한자는 처음 만들어질 때, 언어의 발음을 표기하는 부호를 문자로 삼은 것이 아니라, 언어의 의미를 담은 형상을 취하여 문자로 삼았다. 따라서 갑골문(甲骨文)이나 금문(金文) 같은 고한자의 자형에는 처음 한자의 모양을 정할 당시에 왜 이런 의미를 이런 자형에 담았을까에 대한 정보가 많이 담겨 있다.

또한 갑골문이나 금문에 이미 보이는 한자들은 지금도 기본적으로 많이 사용되는 한자가 많으므로, 고한자를 활용하여 한자를 학습하면 학습의 효율을 높일 수 있다. 몇 가지 예를 들어 보자.

(1) 사람 관련 고한자

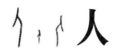

서 있는 사람의 옆모습 → 사람

서 있는 사람의 앞모습 → '크다'

大에 가로획(비녀) 추가 → 기혼 남성

大 아래 가로획(땅) 추가 → '서다'

사람의 눈 모양 → 눈

目에 눈썹 모양 추가 → 눈썹

부릅뜬 눈의 모양 → 신하
관리가 눈을 크게 뜨고
민중을 감독한다는 의미를 취함

目(눈) 아래 人(사람) 추가 → '보다'

사람의 귀 모양 → 귀

耳(귀)와 手(손) 결합 → '취하다', '얻다'

사람의 코 모양 → '코'에서 '나'로 의미 변경
이에 '코'라는 뜻의 '鼻'를 새로 만듦
: 自(의미) + 畀(소리)

사람의 입 모양 → 입, 구멍

사람의 치아 모양 → 치아
이후 발음을 나타내는
止를 추가하여 齒가 됨

사람의 발 모양 → 발, '멈추다'

사람의 발 모양을 상하로 배치 → '걷다'

사람 아래에 발(止) 추가 → '달리다'

위는 발(止)이고 아래는 '집' → '나가다'
글자 하단부는 반혈거식
주거 형태를 뜻함

심장의 모양 → 심장, 마음, 가슴

사람의 옆모습, 배꼽을 점으로 표시
→ 몸, 신체

여성이 무릎 꿇고 앉은 모양 → 여성

女(여성)에 두 점을 추가 → 어미

여성(女)과 아이(子) 결합 → '좋아하다'

사람(人) 뒤에 아이(子) 배치 → '보호하다'

(2) 자연 관련 고한자

태양의 모양 → 태양

달의 모양 → 달

하늘(횡선)에서 내리는 비의 모양 → 비

천둥 번개가 치는 모양 → 우레, 천둥
이후 雨가 추가되어 雷가 됨

번개가 치는 모양 → 번개
이후 雨가 추가되어 電이 됨

비(雨)와 3마리의 새(隹) → '빠르다'
비가 내리자 새들이 놀라서
빨리 피하는 상황을 취했고,
여기에 '빠르다'라는 의미를 부여함

구름의 모양 → 구름
이후 雨가 추가되어 雲이 됨

흐르는 물결 모양 → 물

하천이 흐르는 모양 → 하천

하천 중간의 섬 → 섬, 모래톱

불이 타오르는 모양 → 불

(3) 동물·사냥 관련 고한자

물고기 모양 → 물고기

물고기(魚)와 물(水) 또는 낚시 도구 추가
→ '물고기를 낚다'

화살의 모양 → 화살

화살(矢)이 땅에 떨어진 모양
→ '이르다', '미치다'

사람(大)과 화살(矢)
→ 화살에 맞아 '아프다', 병
이후 자형이 와변되어 大가 疒로 변화했는
데, 疒은 '병들다'란 의미의 부수로 사용됨

손으로 활시위를 당기는 모양 → '쏘다'
원래 활 모양이었던 부분이 身과 유사하여,
이후 身과 寸(손)이 결합한 형태로 변함

뿔이 달린 사슴의 모양 → 사슴
사슴의 뿔과 큰 눈을 강조함

거북이의 모양 → 거북이

象

코끼리의 모양 → 코끼리
코끼리의 긴 코와 상아,
짧은 꼬리를 강조함

鳥

깃털이 많은 새의 모양 → 새

虎

호랑이의 모양 → 호랑이
호랑이의 발톱과 큰 머리를 강조함

龍

상상 속의 용의 모양 → 용
용은 상상 속의 동물이라 실체를 알 수 없지
만, 중국 고대 유적지에서 발견된 '용' 모양
의 옥은 갑골문 龍의 자형과 매우 유사함

犬

개의 모양 → 개
다른 동물과 비교하여 犬은
허리와 꼬리가 깊

豕

돼지의 모양 → 돼지
개(犬)와 자형이 유사하지만,
돼지는 배가 불룩하고 꼬리가 짧음

羊

양의 머리 모양 → 양
다른 동물과 달리 양은 전체를 본뜨지
않고 특징이 되는 구부러진 뿔만 그림

美

양(羊)을 쓴 사람(大) → '아름답다'
고대 중국에서 제사를 지낼 때 제사장은
머리에 양의 뿔을 장식으로 썼는데, 이 모습
이 보기에 좋아 '아름답다'라는 뜻으로 발전

牛

소의 머리 모양 → 소
양(羊)과 마찬가지로 소의 전체 모양을
본뜨지 않고 특징인 위로 솟은 뿔만 그림

解

두 손으로 소의 뿔을 뽑는 모양
→ '분해하다', '벗기다'
이후 자형이 조금 변하여, '두 손'은
사라지고 '칼(刀)', 뿔(角), 소(牛)가
결합된 형태가 됨

馬

말의 모양 → 말
말의 특징인 갈기와 큰 눈, 털이 많은 꼬리를 강조함

(4) 경제 관련 고한자

舟

배의 모양 → 배

受

배(舟)와 두 손(手) → 주고받다
受는 처음에 '주다'와 '받다' 두 의미로 쓰
이다가, 이후 의미를 명확히 하기 위해
'받다'는 의미로만 쓰이고, 대신 手를 추가
한 '授'를 만들어 '주다'란 의미로 씀

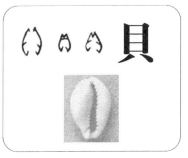

貝

조개의 모양 → 조개, 돈
고대 중국에서는 '조개'를
화폐로 사용했음

得

손(手)으로 조개(貝)를 잡는 모양
→ '얻다', '구하다'
이후 '길'이란 뜻의 '彳'이 추가되어
현재의 得이 됨

(5) 식물 관련 고한자

나무의 모양 → 나무

잎이 풍성한 나무의 모양 → 초목의 잎
'落葉'은 나무에서 떨어진 잎

나무 끝에 매달린 열매의 모양 → 열매
열매는 나중에 열리므로 이후 '결과'라는
뜻으로 확장됨

손(手)으로 나무 열매(果)를 따는 모양
→ '따다', '채취하다'
이후 手를 추가한 '採' 자를 만들어
'따다','캐내다'의 의미를 강조했으나,
간체자에서 采와 採는 모두 采로 씀

뽕나무의 모양 → 뽕나무

풀이 땅을 뚫고 나오는 모양
→ '나다', '태어나다'

벼가 익어 고개를 숙인 모양 → 벼, 곡물

오이가 주렁주렁 열린 모양
→ 오잇과 식물

(6) 도구 및 기물(器物) 관련 고한자

술을 담는 그릇의 모양 → 술 단지
酉는 이후 십이지(十二支)로 가차(假借)되어 쓰임.
가차는 육서(六書) 중의 하나로, 발음이 같은 글자를 다른 뜻으로 사용하는
한자의 용자법(用字法)임. 대신 水를 추가하여 '술'이란 뜻의 '酒' 자를 만듦.

술 단지의 모양 → 복(福)
원래는 그림처럼 생긴 술 단지의 모양을 본뜬 것이나, 이후 '示'를 더하고 자형이
조금 변하면서 현재의 福이 됨. '示'은 원래 제사를 지낼 때 사용하는
'제단(祭壇)'이란 뜻이었는데, 즉 제사를 지낼 때 술을 올리며 복을 구하는 것에서
'복'이란 의미가 만들어짐.

뚜껑이 있는 단지(용기)의 모양 → 병, 단지

밥이 가득 담긴 그릇과 뚜껑의 모양
→ 밥, '먹다'

화살이 담겨 있는 항아리 → 항아리
'항아리'라는 글자에 '화살(矢)'이 포함된
것은 아마도 고대 중국에서 항아리는
액체 외에 화살을 보관하는 용도로도
사용되었기 때문일 것으로 추정됨

실타래의 모양 → 실

실타래를 여러 개 들고 있는 모양
→ '이어지다', '이어주다'

아이(子)와 실(糸)이 연결된 모양
→ 자손, 후손

웃옷의 옷깃의 모양 → 옷, 의복

칼의 모양(손잡이와 칼날) → 칼
이후 칼날을 강조하는 점을 추가하여
'칼날', '베다'라는 뜻의 '刃' 자가 만들어짐

어떤 물건을 칼로 쪼개는 모양
→ '나누다', '구분하다'

도끼의 모양 → 도끼, '나무를 베다'
중국의 대문구(大汶口) 유적지에서 출토된 도끼의 모양과 흡사

나무를 도끼로 베는 모양
→ '쪼개다', '가르다'

도끼로 풀을 베는 모양
→ '꺾다', '자르다', '베다'

두 손으로 도끼를 들고 있는 모양
→ 무기, 군사

죽간(竹簡)의 모양 → 책, 칙서

죽간을 두 손으로 떠받드는 모양
→ 법, 규정, 서적

손으로 붓을 잡고 있는 모양 → 붓
붓은 당시 대나무로 주로 만들었기
때문에, 竹을 더하여 '붓', '쓰다'란 의미의
'筆' 자가 만들어짐

(7) 거주 관련 고한자

당시의 주거 형태 모양 → 집
'宀'은 단독으로 쓰이지는 않고 부수 자로만 사용됨. 고대 중국인은 땅을 파고
기둥을 세운 후 지붕을 덮는 반혈거(半穴居) 형태의 집에서 살았음.

집 안에 여성이 있는 모양 → '평안하다'

집 안에 돼지가 있는 모양 → 집
고대 중국인의 집에는 사람이 거주하는 공
간과 가축을 키우는 공간이 같이 있었는
데, 당시 돼지는 대표적인 가축이었음

집 안에 사람과 침대가 있는 모양
→ 머무는 집, '묵다'

집 안에 방이 여러 개 있는 모양 → 집
'家'는 가축을 키우는 서민의 집을,
'宮'은 방이 여러 개 있는 귀족의 집을 나타냄

집 안에 위패를 모셔 놓은 모양
→ 사당, 가묘, 종묘

높게 지은 성문(城門) 혹은 누대(樓臺)의
모양 → '높다'
'높다'라는 추상적인 개념을 뜻하는
글자를 '높은 성문'을 본떠 표현함

양쪽으로 된 문의 모양 → 문

격자 문양 창문의 모양 → 창문
이후 '집'을 뜻하는 '穴'을 추가해 '窗'이 되
었고, 지금은 '窓'으로 씀

사람을 좁은 공간에 가둔 모양 → 포로, 죄인, '가두다'
'囗'는 지금 '圍'로 쓰며, 의미는 '둘러싸다'임. 위의 그림과 같은 형태로,
고대 중국에서 죄인이나 포로를 가두는 공간을 뜻함.

　이상에서 살펴본 대로, 갑골문과 금문의 자형에는 한자를 처음 만들 때의 조자(造字) 의도가 비교적 명확하게 남아 있다. 이후 대전, 소전, 예서, 초서, 해서에 이르는 변천 과정에서 한자의 이러한 상형적 요소는 점차 사라졌지만, 여전히 현대 한자의 자형은 고한자 자형과 연계가 되어 있다. 따라서 한자를 학습할 때 모든 한자를 고한자와 비교하면서 학습할 수는 없다고 하더라도, 부수자와 기본적인 한자에 대해서 고한자의 자형을 참고하여 왜 이런 의미를 이런 모양의 한자로 했을까를 이해하면서 학습한다면, 보다 빠르고 쉽고 정확하게 한자의 자형을 이해하고 암기할 수 있을 것이다.

4) 파자(破字) 활용 학습법

파자(破字)란 글자 그대로 한자를 나누는 것으로, 구성 요소로 한자를 해체하여 그 안에 담긴 의미를 해석하는 전통적인 방식이다.

파자의 방법은 우선 한자를 부수(部首)와 다른 부분으로 나누고, 각 부분의 의미를 통해 글자의 뜻을 유추하는 것이다. 예전에는 파자를 통해 글자의 의미를 가르치거나 철학적, 상징적 해석을 부여하기도 했고, 특히 성리학이나 도교, 불교에서는 경전이나 교리를 설명하는 데 활용되기도 하였다.

다음에서 파자를 활용한 한자 학습법에 대해 알아보기로 하자.

(1) 회의자

의미와 의미를 결합하여 새로운 의미를 나타내는 한자가 회의자이다. 두 개 이상의 한자가 결합되었기 때문에 한자의 자형이 복잡하다. 따라서 회의자를 학습할 때 한자를 파자하여 개별 한자의 의미를 파악한다면, 보다 쉽게 회의자의 자형과 의미를 학습할 수 있다. 몇 가지 예를 들어 보자.

한자	한어병음	구성 요소	의미
明	míng	日(해) + 月(달)	해와 달이 함께 있어 밝음을 나타냄
休	xiū	人(사람) + 木(나무)	사람이 나무 아래에서 쉬는 모습
好	hǎo	女(여성) + 子(아이)	여자가 아이를 안으면 좋다
林	lín	木(나무) + 木(나무)	나무가 많아 숲을 이룸
森	sēn	木(나무) + 木 + 木	나무가 매우 많아 울창함

한자	병음	구성	의미
男	nán	田(밭) + 力(쟁기)	밭에서 쟁기로 일함: 남성
信	xìn	人(사람) + 言(말)	사람이 하는 말을 믿는다
安	ān	宀(집) + 女(여자)	여자가 집 안에 있어 평안하다
鳴	míng	口(입) + 鳥(새)	새가 입으로 소리를 냄: 울다
忠	zhōng	中(중심) + 心(마음)	마음의 중심: 충성
晴	qíng	日(해) + 青(푸르다)	해가 떠서 하늘이 푸르다: 맑다
禁	jìn	林(숲) + 示(제단)	신성한 숲: 금지
雙	shuāng	隹(새) + 隹 + 又(손)	두 마리 새를 손으로 잡는다: 쌍, 짝
閑	xián	門(문) + 木(나무)	문에 나무가 있음: 문지방, 가로막다
炎	yán	火(불) + 火(불)	불이 겹쳐 매우 뜨거운 모습

(2) 형성자

의미(형부)와 소리(성부)를 결합하여 새로운 의미를 나타내는 한자
가 형성자이다. 두 개 이상의 한자가 결합되었기 때문에 역시 한자의
자형이 복잡하다. 따라서 회의자와 마찬가지로 형성자를 학습할 때 한
자를 파자하여, 개별 한자의 의미와 발음을 파악하면, 보다 쉽게 자형
과 의미, 발음까지 학습할 수 있다. 몇 가지 예를 들어 보자.

한자	한어병음	형부(의미)	성부(발음)	의미
河	hé		可(kě)	강, 황하
海	hǎi		每(měi)	바다
湖	hú	水(氵)	胡(hú)	호수
洋	yáng		羊(yáng)	바다, 대해
油	yóu		由(yóu)	기름
泡	pào		包(pāo)	물거품

한자	한어병음	형부(의미)	성부(발음)	의미
浪	làng		良(liáng)	물결, 파도
源	yuán		原(yuán)	근원
清	qīng		青(qīng)	맑음, 깨끗함
温	wēn		昷(wēn)	따뜻함
泉	quán	水(氵)	白(bái)	샘물
酒	jiǔ		酉(yǒu)	술
泥	ní		尼(ní)	진흙, 진창
深	shēn		罙(shēn)	깊음
津	jīn		聿(yù)	나루, 나루터

위 표의 한자는 모두 水를 부수로 삼은 형성자로, 글자 중에서 水
(氵)를 제외한 부분은 발음을 나타내는 성부이다. 글자의 의미는 모두
부수 자인 水, 즉 물과 관련이 있고 글자의 발음은 성부와 같거나 유사
하다.

한자	한어병음	형부(의미)	성부(발음)	의미
灯	dēng		丁(dīng)	등불
烟	yān		因(yīn)	연기와 관련 있음
照	zhào	火	昭(zhāo)	비추다, 햇빛
热	rè		埶(yè)	열기, 뜨거움
煮	zhǔ		者(zhě)	삶다. 익히다
草	cǎo		早(zǎo)	풀
菜	cài		采(cǎi)	채소, 나물
花	huā	艸(⁺⁺)	化(huà)	꽃
荷	hé		何(hé)	연꽃
藥	yào		樂(lè)	약초

雷	léi		田(tián)	천둥
雪	xuě		彗(huì)	눈
雲	yún	雨	云(yún)	구름
電	diàn		電(diàn)	번개
露	lù		路(lù)	이슬

위 표의 한자는 모두 水, 艸, 雨를 각각 부수로 삼은 형성자로, 글자 중에서 水, 艸, 雨를 제외한 부분은 발음을 나타내는 성부이다. 글자의 의미는 모두 부수인 水(氵), 艸(艹), 雨, 즉 물, 풀, 비와 관련이 있고, 글자의 발음은 성부와 같거나 유사하다. 물론 위의 표를 보면 露(lù), 電(diàn), 雲(yún)의 발음과 성부인 路(lù), 電(diàn), 云(yún)의 발음이 완전히 같은 것도 있지만, 灯(dēng)과 丁(dīng) 草(cǎo)와 早(zǎo)처럼 다른 것도 있다. 이는 한자의 독음(讀音)이 시간이 지남에 따라 조금씩 변했기 때문인데, 이처럼 고대 한자음과 현대 한자음이 다르더라도 여전히 성부의 현대 한자음을 기준으로 형성자의 자음을 유추할 수 있는 근거는 있다. 이를 쌍성(雙聲), 첩운(疊韻)이라고 한다. 쌍성은 두 글자의 성모가 같은 것을 말하고, 첩운은 두 글자의 운모가 같은 것을 말하는데, 즉 灯(dēng)과 丁(dīng)은 운모는 다르지만 성모는 [d]로 동일하고, 草(cǎo)와 早(zǎo)는 성모는 다르지만 운모가 [ao]로 동일하다. 이러한 차이는 위에서 말한 것처럼 한자의 독음이 시간이 지나면서 조금씩 변했기 때문이다. 따라서 형성자의 자음과 성부의 자음이 완전히 같지 않더라도, 성모나 운모를 비교해 보면

성부의 자음을 근거로 형성자의 자음을 추정할 수 있다.

현대 한자의 약 80%는 형성자이므로, 처음 접하는 복잡한 모양의 한자는 형성자일 확률이 높다. 따라서 모르는 한자를 학습할 때 우선 부수와 나머지 부분을 구분하고, 먼저 부수자의 의미를 근거로 글자의 의미를 추정하고, 나머지 성부의 발음을 근거로 글자의 발음을 유추할 수 있다.

물론 처음에는 파자(破字)를 활용한 한자 학습에 시간이 많이 소요될 수 있고, 형부인 부수자(部首字)의 의미를 파악하거나 성부의 발음을 유추하기 힘들 수도 있지만, 앞에서 언급한 것처럼 첫째, 부수자를 먼저 학습하고, 둘째, 중국에서 사용 빈도가 높은 한자부터 학습을 누적해 나가면, 복잡한 모양의 모르는 한자를 접하더라도 그 글자의 부수를 찾아내 대략적인 의미를 추정하고, 성부를 근거로 그 글자의 발음을 충분히 예측할 수 있게 된다.

V.
중국의
한자 개혁

V. 중국의 한자 개혁

1. 진시황(秦始皇)의 문자 통일

　진시황(秦始皇)은 기원전 221년에 전국을 통일한 후, 중국을 하나
의 강력한 중앙집권 국가로 만들기 위해 여러 가지 통일 정책을 펼쳤
다. 진시황의 통일 정책은 중국의 정치, 경제, 사회, 문화 등의 여러 분
야에 걸쳐 이루어졌으며, 이는 중국 역사에 큰 영향을 미쳤다.

1) 문자 이외의 통일 정책

　첫째, 정치적 통일이다. 진시황은 통일 후 군현제(郡縣制)를 도입하
여 중앙집권 체제를 확립하고, 법가(法家) 사상으로 전국을 엄격히 통
제했으며, 유교와 불교를 탄압하였다. 특히 유교에 대한 탄압은 '분서
갱유(焚書坑儒)'로 상징된다.

　둘째, 경제적 통일이다. 주(周)나라가 서주(西周)에서 동주(東周)시
기로 전환되자 전국은 혼란에 빠지며 춘추전국(春秋戰國) 시기를 맞
이하는데, 이 시기에 각 제후국은 화폐와 도량형(길이, 무게, 부피 등

의 단위), 수레의 궤폭 등 다양한 방면에서 각자 다른 표준을 만들어 사용했다. 통일 후 진시황은 이에 대한 표준을 새로 정하여 전국의 경제적 통합을 추진했다.

진시황의 이러한 통일 정책은 중앙집권적인 국가 시스템을 완벽히 확립하고, 이후 중국의 중앙정부 체제에 큰 영향을 미쳤다.

2) 문자 통일과 의의

다른 분야와 마찬가지로 춘추전국(春秋戰國) 시기에는 각 제후국마다 조금씩 다른 모양의 한자를 만들어 사용했다. 그러나 지리적으로 주(周)나라와 근접했던 진(秦)나라는 상나라의 갑골문에서 주나라의 금문으로 이어진 한자의 전통을 거의 그대로 계승한 대전(大篆)을 사용하고 있었으며, 전국 통일 이후에는 복잡한 대전의 자형을 조금 간화한 소전(小篆)을 만들고, 소전을 전국에서 사용하도록 하였다.

만일 진나라가 아닌 다른 제후국이 전국을 통일했다면 아마도 자신들이 사용하던 문자로 전국의 문자를 통일했을 가능성이 높고, 그렇게 되었더라면 오늘날 우리가 사용하는 한자의 모양은 지금과 많이 달라졌을 것이다. 또한 진시황이 갑골문과 금문의 자형을 거의 그대로 계승한 대전(大篆), 대전을 조금 간화한 소전(小篆)으로 전국의 문자를 통일함으로써, 한자의 역사는 단절되지 않고 최초의 한자인 갑골문으로부터 현재의 해서, 중국의 간체자까지 고스란히 이어질 수 있게 되였다. 이 점은 진시황의 문자 통일이 가지는 큰 역사적 의의이다.

2. 모택동(毛澤東)의 언어·문자 개혁

1949년 10월 1일, 모택동은 천안문 광장에서 신중국(新中國: 중화인민공화국)이 시작되었음을 선포하였다. 신중국 초기에 시급하게 해결해야 할 많은 과제가 있었는데, 그중에서도 가장 중요한 것은 인민의 사상을 개혁하여 신중국 건설 과정에 참여하도록 하는 일이었다. 사상 개혁을 위해서는 인민들을 교육시켜야 했는데, 당시 중국 인민의 약 80%가 문맹이었다. 毛 정부는 문맹률이 높은 원인에 대해서 분석을 하였고, 주요 원인이 첫째, 외워야 할 한자의 수가 너무 많다, 둘째, 한자의 모양이 너무 복잡해서 외우기 어렵고 쓰기도 불편하다, 셋째, 지역마다 방언(方言)의 차이로 인하여 동일한 글자임에도 독음(讀音)이 달라 의사소통이 어렵다라는 것을 알아냈다.

이에 중국 정부는 1952년에 정무원문화교육위원회(政务院文化教育委员会)에 중국문자개혁연구위원회(中国文字改革研究委员会)를 설립하여 한자 학습에 있어서의 난제를 해결하기 위하여 한자 개혁의 기초 작업을 진행하였고, 이후 1954년에는 국무원(国务院) 직속으로 중국문자개혁위원회(中国文字改革委员会)를 만들어 본격적으로 한자와 중국어의 개혁 작업을 진행하였다.

당시의 개혁 작업은 크게 세 가지 과제를 안고 진척되었는데, 첫째는 한자의 간화(簡化)이고, 둘째는 이체자(異體字)의 정리, 셋째는 한어병음방안(漢語拼音方案)의 제정 및 보급이었다. 이 기구는 삼십여 년 간 한자와 중국어의 개혁 작업을 진행한 뒤, 1985년 말에 국가어언문자공작위원회(国家语言文字工作委员会)로 명칭을 바꾸었다.

1) 이체자(異體字) 정리

이체자(variant characters)는 동일한 뜻과 발음을 가졌지만 모양이 다른 글자를 말하며, 역사적, 지역적, 문화적 차이로 인하여 오랜 기간 만들어져 사용되어 왔다. 이체자는 학습, 출판, 통신에 있어 혼란을 초래했고, 특히 문맹률이 높았던 당시 중국에서 이체자의 존재는 교육과 문자 보급을 더욱 어렵게 만들었다.

이체자 정리는 이런 글자들 중에서 한 글자만 표준으로 삼고, 나머지는 폐기함으로써 한자의 수를 줄여 한자 학습과 사용의 효율성을 높이고 문맹 퇴치를 촉진하기 위해 시행되었다.

이체자 정리로 폐기된 한자가 몇 글자인지 정확히 알 수는 없지만, 1956년에 공식적으로 발표된 ≪이체자정리표(异体字整理表)≫에는 1,027자가 수록되어 있다.

이후 이체자는 서예, 고문헌 연구, 전통문화 보존 등에서는 사용할 수 있으나, 공식 문서, 교과서, 출판물에서는 사용이 금지되었다.

(1) 이체자 정리의 원칙

이체자 중에서 어떤 글자를 표준으로 삼을 것인가에 대해서 처음부터 뚜렷한 기준을 세운 것은 아니지만, 정리하는 과정에서 대략 아래의 몇 가지 표준이 만들어졌고, 이후 이 표준으로 작업을 진행하였다.

■ 획수가 적고 쓰기 쉬운 글자를 표준으로 선정
  예) 後 / 后: 간단한 형태인 后를 표준으로 채택
    臺 / 台: 간단한 台를 표준으로 채택

■ 역사적으로 더 자주 사용되거나 대중적으로 쓰이는 글자를 표준으로 선정
  예) 乾 / 乹: 더 자주 쓰이던 乾을 표준으로 선택
    著 / 着: 더 대중적으로 쓰이는 着를 표준으로 선택

■ 의미와 발음이 명확한 글자를 표준으로 선정
  예) 炮 / 砲 / 礮: 의미가 명확한 炮를 표준으로 선택
    迹 / 跡 / 蹟: 의미와 발음이 명확한 迹를 표준으로 선택

(2) 이체자 정리의 의의 및 한계

이체자 정리는 다음과 같은 긍정적인 면이 있다.

■ 문맹률 감소

한자의 여러 형태를 모두 외우지 않아도 되므로 학습의 효율성이 증대되었고, 간단한 자형을 표준으로 채택하여 한자의 쓰기 속도도 빨라졌다. 이처럼 이체자 정리는 한자의 통일성을 높여 학습과 교육을 쉽게 만들었고, 그 결과 문맹률을 단기간에 낮춤으로써 한자 사용의 대중화에 기여하였다.

■ 출판물의 표준화

출판물과 공문서에서 이체자 사용을 금지함으로써, 문자의 통일성을 확보하였다. 이를 통해 출판과 교육의 표준화가 효율적으로 진행되어 정보 전달과 소통의 효율성을 높였다.

그러나 역사적·문화적 전통의 계승이라는 점에서는 부정적인 영향이 있다고 평가받는다. 즉 전통 한자 문화의 단절을 초래하여 중국의 소중한 고문헌을 읽는 데 어려움이 생겼다. 또한 대만, 홍콩 및 한자 문화권과의 문자 교류에 다소의 장벽이 생겼다는 비판도 있었다.

2) 한자의 간화(簡化)

(1) 간체자(簡體字)와 번체자(繁體字)

'大韓民國'과 '大韩民国', '漢字'와 '汉字'

처음 중국어를 공부하는 사람은 중국어 교재에 있는 다소 생소한 모양의 한자를 접하게 된다. 어떤 글자는 우리가 사용하는 한자와 모양이 동일한데 비해, 어떤 글자들은 모양이 조금씩 다르다. 예를 들어 '大韓民國'과 '大韩民国', '漢字'와 '汉字'에서 '大', '民', '字'는 모양이 동일하지만, '韓'과 '韩', '國'과 '国', '漢'과 '汉'은 모양이 조금씩 다르다.

모양이 다른 한자들을 모아 살펴보면 한 가지 공통점을 발견하게 되는데, 이는 곧 글자들의 획수가 현저하게 줄어든다는 것이다. 즉 '韓'은 17획이지만 '韩'은 12획이고, '國'은 11획이지만 '国'은 8획이며, '漢'은 14획이지만 '汉'은 5획이다. '획수'란 한자를 쓰기 위해서 붓을 종이에 대었다가 떼어내는 횟수를 의미하는 것이므로, 이는 곧 글자를 쓰기 위해 투자되는 시간과 공력이 줄어들었다는 것을 의미한다.

이처럼 한자 자형의 필획을 줄이거나 간략화한 한자를 '간체자'라 칭하고, 기존의 한자, 즉 해서체는 '번체자'라고 구분하여 칭한다. 중국에서는 간체자를 사용하며, 대만에서는 번체자를 사용하고 있다. 홍콩과 마카오에서는 번체자를 사용해 오다가 1997년, 1999년 각각 영국과 포르투갈로부터 다시 중국으로 반환된 이후 간체자도 사용하고 있다.

1945년에 UN이 창설된 시기에는 '중화민국(대만)'이 유엔 상임이사국으로 참여하였기 때문에 번체자가 UN의 공식 한자였으나, 1971

년 10월 25일, UN 총회 결의 2758호(Resolution 2758)에 따라 중화
인민공화국(중국)이 대만을 대신하는 중국의 유일한 합법 정부로 인
정됨에 따라 중국에서 사용하는 간체자가 UN의 공식 한자로 채택되
었고, 1973년부터는 UN 내 모든 중국어 공식 문서와 회의 기록에 간
체자를 사용하고 있다.

(2) 간체자의 수

흔히 "중국에서는 우리가 사용하는 한자와 모양이 다른 '간체자'라
는 한자를 쓴다."라고 말한다. 그러나 이 표현은 절대 사실이 아니다.
왜냐하면 모든 한자를 간화한 것은 아니기 때문이다. 그렇다면 간화된
한자, 즉 간체자는 모두 몇 글자일까?

【중국문자개혁위원회(中国文字改革委员会)】

년도	개혁 내용
1995. 1.	한자간화방안초안(汉字简化方案草案) 제시
1956	한자간화방안(汉字简化方案) 공포
1964. 5.	간화자총표(简化字总表) 발표 - 총 2,246개의 지엔티즈 수록
1986	간체자의 총수를 2,235자로 확정

위의 표를 통해서 알 수 있듯이 우리가 알고 사용해 온 한자, 즉 번
체자와 다른 간체자는 2,235자에 불과하다. 더욱이 2,235자 안에는 부
수자가 간화된 한자도 포함된 것이므로, 간체자에 대한 학습 부담은

절대 가질 필요가 없다.

예를 들어 '言'은 단독으로 쓰면 간체와 번체의 차이가 없지만, 부수로 쓰이면 '讠'으로 간화되어, 語 → 语, 請 → 请, 談 → 谈, 課 → 课, 讀 → 读로 간화된다.

'金'도 단독으로 쓰면 간체와 번체가 차이가 없지만, 부수로 쓰이면 '钅'로 간화되어, 錯 → 错, 鎖 → 锁로 간화된다.

따라서 모든 한자를 간화한 것이 아니고, 또한 부수만 간화된 간체자도 많기 때문에 간체자에 대한 학습 부담을 가질 필요가 없는 것이다.

다만, 이 책의 '중국과 한국의 한자 사용 빈도'에서 살펴본 바대로, 우리가 중국어 학습을 효율적으로 하기 위해서는 중국에서 자주 사용하는 한자를 우선적으로 학습해야 하는데, 이때 간체자에 대한 기본적인 학습도 반드시 병행되어야 한다.

예를 들어 한국과 중국의 사용 빈도 100위 안에 드는 한자를 비교해 보면 공통되는 한자는 31자이지만, 이 중 간체와 번체가 다른 한자가 많다. 즉 的, 一, 不, 人, 地, 大, 說, 子, 會, 主, 時, 國, 生, 學, 年, 天, 家, 動, 中, 自, 民, 面, 成, 義, 經, 道, 心, 事, 方, 行, 長 중에서 說(설)과 说(shuō), 會(회)와 会(huì), 時(시)와 时(shí), 國(국)과 国(guó), 學(학)과 学(xué), 動(동)과 动(dòng), 義(의)와 义(yì), 經(경)과 经(jīng), 長(장)과 长(cháng)은 동일한 한자이지만, 우리가 사용하

는 번체와 중국에서 사용하는 간체의 모양이 다르다.

따라서 說, 會, 時, 國, 學, 動, 義, 經, 長이라는 한자를 우리가 이미 알고 있더라도, 说, 会, 时, 国, 学, 动, 义, 经, 长을 모른다면, 중국어 학습에 어려움을 겪을 수 있다.

(3) 간화의 원칙

간화의 원칙을 명확히 수립한 후 이 원칙에 따라 간화를 한 것은 아니지만, 번체자와 간체자의 자형을 비교해 보면 몇 가지 간화의 원칙을 찾을 수 있다. 효율적인 간체자 학습을 위해서 몇 가지 주된 간화의 원칙을 알아보자.

■ 간화의 원칙 1: 고한자(古漢字)로 간화

갑골문이나 초서, 행서의 자형을 따온 간체자이다. 예를 들면 다음과 같다.

① 馬와 马

갑골문·금문	소전	예서	초서	해서	행서	간체자

'馬'는 말의 갈기와 꼬리, 큰 눈 등 말의 특징을 본뜬 상형자이다. 소전(小篆)까지는 말의 모양이 남아 있으나, 예서(隸書)부터 본래의

모양과 달라졌다. 행서(行書)는 글자의 필획을 생략하였는데, 간체자 자형과 비슷하다.

② 魚와 鱼

갑골문·금문	소전	예서	초서	해서	행서	간체자
갑골	소전	魚	鱼	魚	鱼	鱼

'魚'는 '물고기'의 지느러미와 비늘, 꼬리 등을 본뜬 상형자이다. 물고기의 '꼬리' 부분이 소전에서는 火처럼 변했고, 예서부터는 네 개의 점으로 변했다. 간체자는 초서나 행서와 모양이 비슷하다.

③ 鳥와 鸟

갑골문·금문	소전	예서	초서	해서	행서	간체자
갑골	소전	鳥	鸟	鳥	鳥	鸟

'鳥'는 새의 날개와 깃털 등 새의 옆모습을 그대로 본뜬 상형자이다. 예서부터 새의 꼬리 부분이 네 개의 점으로 바뀌었고, 행서에서는 네 개의 점이 가로획으로 변화했는데, 간체자는 행서와 모양이 비슷하다.

④ 爲와 为

갑골문·금문	소전	예서	초서	해서	행서	간체자
		爲	为	爲	为	为

'爲'는 사람의 '손'과 '코끼리'를 합한 글자로, 상나라 사람들이 코끼리를 사냥하고 사육하여 무거운 돌이나 나무를 운반하는 모습을 빌려 '~을 하다', '~을 시키다'라는 뜻을 나타냈다.

소전은 글자의 모양이 복잡해 보이지만, 여전히 사람의 '손'과 '코끼리'가 결합한 것이다. 이후 예서부터는 원래의 모양과 거리가 멀어져 코끼리의 모양이 사라졌고, 초서와 행서는 필획을 더욱 생략하여 갑골문 자형과는 연관성을 찾기 어려울 정도이다. 간체자는 초서나 행서와 비슷하다.

⑤ 見과 见

갑골문·금문	소전	예서	초서	해서	행서	간체자
		見	见	見	见	见

'見'은 무릎을 꿇고 앉아 있는 사람의 눈을 강조한 모양이다. 간체자는 초서나 행서와 비슷하다.

⑥ 從과 从

'從'은 본래 '~을 따르다'라는 의미를 나타내며, 간체자는 글자의
우측 상단에 있는 '从'만을 취하여 글자로 삼았다. 그러나 이 글자의
갑골문을 보면 오늘날의 간체자와 동일하였음을 알 수 있다.

갑골문·금문	금문	예서	소전	해서	간체자
𠨂	𢓥	𧻚	𨒡	從	从

갑골문에서는 두 사람이 나란히 줄지어 선 모양을 취하여 '따르다'
라는 의미를 나타냈는데, 이는 오늘날의 간체자의 자형과 동일하다.
즉 '亻'은 오늘날의 '人' 자이므로, '𠆢𠆢'는 '人' 자 두 개가 나란히 배
열된 '从'과 동일한 자형이다. 이후 금문에서는 '彳'과 '止'가 새로 편
방으로 추가되었는데, 이는 각각 '길'과 '발'이란 의미를 나타낸다. 즉
'길'을 따라 '두 명의 사람'이 나란히 '가다'라는 의미를 나타내기 위하
여 새로운 편방인 '彳'과 '止'를 추가한 것이다. 이러한 자형은 해서에
까지 이어져 그대로 사용되다가 간화 과정에서 다시 초기 자형을 되찾
게 되었다.

■ 간화의 원칙 2: 번체자의 일부를 삭제

번체자 자형의 일부를 삭제한 간체자이다. 하지만 원래 자형의 특
징은 완전히 없어지지 않고 최소한 유지된 것이 많기 때문에, 번체자

를 알고 있다면 간체자 자형을 보고도 어떤 글자인지 유추해 낼 수 있다. 다음에서 예를 들어 보기로 하자.

① 類와 类

'類'는 '종류', '가지' 등의 의미를 나타내며, 간체자는 글자의 우측 부분을 삭제하여 '类'로 쓴다. 간체자를 익힐 때 조심할 점은 번체자의 좌측 아래 부분은 '犬'이지만 간체자의 아래 부분은 '大'라는 것이다.

② 時와 时

'時'는 '시기', '시간' 등의 의미를 나타내며, 간체자는 글자의 우측 상단에 있는 '士'를 삭제하여 '时'로 쓴다. '時'를 '时'로 쓴 것은 이미 오래된 것으로, 漢나라의 문헌 중에서도 '时'로 간화하여 쓴 것이 자주 보인다.

时 时 时 时 时 时 时

③ 雖와 虽

'雖'는 '비록', '설사' 등의 의미를 나타내며, 간체자는 글자의 우측 부분을 삭제하여 '虽'로 쓴다. 宋나라 때의 《대당삼경취경시화(大唐三藏取經詩話)》나 淸나라 때의 《영남일사(岭南逸史)》 등에도 아래와 같이 모양이 조금씩 다르긴 해도 오늘날의 간체자와 거의 비슷하게 간화된 '虽'가 보인다.

虽 畵 虽 兊

④ 飛와 飞

'飛'는 '날다', '휘날리다', '빠르다' 등의 의미를 나타내며, 부사로 쓰이면 '매우', '아주'라는 뜻도 나타낸다. 간체자는 글자의 외곽만을 간단하게 남겨놓고 나머지는 생략하여 '飞'로 쓴다. 아래와 같이 '飛'는 간화되기 이전부터 아주 많은 이체자(글자의 자음과 뜻은 같으나 자형만 조금 다른 글자들)들이 사용되었다.

飛 祁 飛 禿 蛰 乘

⑤ 鄕과 乡

갑골문의 향(饗)

'鄕'은 '시골', '농촌', '고향' 등의 뜻이며, 간체자는 글자의 좌측부분만 남기고 중앙과 우측 부분을 삭제하여 '乡'으로 쓴다. 글자의 특징이 되는 일부가 남아 있어서 간체자를 익히기에 그리 어려운 편은 아니지만, 조자(造字) 의도는 사라지게 되었다. 즉 '鄕'은 본래 '饗(잔치할 향, xiǎng)'의 본자(本字)였고, 초기의 자형은 먹을 것을 사이에 두고 두 사람이 마주 앉아있는 모양으로 '음식으로써 손님을 대접한다'라는 뜻이었다. 이후 '고향', '시골'이란 의미로 인신(引伸)되어 쓰이자, 본래 의미와 구별하기 위하여 '먹는다'라는 의미의 '食'을 추가하여 '饗'을 만들었다. 간체자에서 '饗'은 '乡'과 '食'을 더하여 '飨'으로 쓴다.

■ 간화의 원칙 3: 형성자(形聲字)의 형부(形符) 생략

형성자는 의미를 나타내는 형부와 발음을 나타내는 성부로 구성되는데, 이 중 형부를 삭제하고 성부만을 남기는 방식으로 간화한 간체자이다.

① 麵과 面

'麵(miàn)'은 '국수'라는 뜻으로 '麥(mài: 보리)'를 형부로, '面(miàn)'을 성부로 삼은 형성자이다. '湯麵(온면)', '麵條(국수)' 등으로 쓰이다가, 형부인 '麥'을 생략하여 '面'으로 간화되었다. 문제는 '麵'을 간화한 '面' 외에 '얼굴', '표면', '면'이란 뜻으로 쓰이던 '面'이 있었기 때문에, 의미상 중의성(重義性)을 띠게 되었다는 점이다.

'面'은 현재 구분 없이 '얼굴', '표면', '면' 외에 '국수'라는 뜻으로도 쓰인다.

② 鬆과 松

'松'은 형부인 '木'과 성부인 '公'이 결합된 형성자이며, 의미는 '소나무'이다. 그런데 현대 중국어 사전에서 '松'을 찾아보면, '소나무'라는 뜻 외에 '푸석푸석하다', '엄격하지 않다'라는 의미도 있다. '소나무'라는 이 글자에 왜 이러한 의미가 추가되었을까. 해답은 간화의 과정에 있다.

즉 번체자 중에는 원래 '鬆'이란 글자가 있었는데, 이 글자는 '머리털이 드리워진 모양'이란 뜻의 '髟(biāo)'를 형부로 삼고, '松(sōng)'을 성부로 삼아 만들어진 형성자로, '더벅머리', '엉성하다' 등의 의미를 나타냈다. '鬆'이 간화되면서 형부인 '髟'를 생략하고 성부인 '松'만으로 간체자를 삼았기 때문에, 기존에 '소나무'로 사용되던 '松'과 모양이 같아지면서 '松'의 의미가 확장되었다.

③ 捲과 卷

'卷'은 본래 '구부리다'라는 뜻이었고, 이후 "물건을 말아 동그랗게 만들다"라는 뜻으로 인신되어 사용되었다. 우리는 책을 세는 양사로 '卷'을 쓰는데, 그 이유는 종이가 발명되기 전에는 대나무를 엮어 만든 '죽간(竹簡)'으로 책을 만들었기 때문이다. 즉 죽간을 돌돌 말아서 가지고 다녔기 때문에, 이것을 세는 양사로 '卷'을 쓴 것이다.

이후 인신의를 나타내기 위하여 '卷'을 성부로 삼고, 여기에 '손'을 나타내는 '手'를 형부로 더하여 '捲'을 만들었다. 간체자에서는 '捲'의 형부인 '手'를 생략하여 '卷'으로 쓰는데, 이는 곧 본래의 자형을 다시 찾은 것이라고 할 수 있다.

■ 간화의 원칙 4: 형성자의 성부(聲符) 대체

형성자의 성부를 발음이 같거나 유사한 글자 중에서 자형이 간단한 글자로 대체하여 만든 간체자이다. 예를 들면 아래와 같다.

① 鍾·鐘과 钟

'鍾(zhōng)'은 '金'을 형부로, '重'을 성부로 삼은 형성자이고, 본의 (本義)는 '주기(酒器)'이다. 이후 '쇠로 만든 북'이란 악기를 지칭하기 도 하였다. 즉 '금속 재질로 만든 기물'임을 나타내기 위하여 '金'을 형 부로 삼고, 'zhong'이란 발음을 나타내기 위하여 '重'을 성부로 삼은 것이다. 간체자인 '钟'은 성부인 '重'을 필획이 간단하면서도 발음이 같은 '中'으로 대체하였다.

'鐘(zhōng)'의 본의는 '쇠로 만든 악기'이고, '金'을 형부로 '童'을 성부로 삼은 형성자이다. 간체자인 '钟'은 성부인 '童'을 필획이 간단 하면서 발음이 같은 '中'으로 대체하였다.

즉 간체자의 '钟'은 번체자의 '鍾'과 '鐘', 두 글자의 간체자이다.

이외에 성부인 '重'을 '中'으로 대체하여 만든 간체자는 '種'과 '种',

'腫'과 '肿' 등이 있다.

②優와优 / 擾와扰

'優(yōu)'는 '人'을 형부로 '憂'를 성부로 삼은 형성자이다. 간체자는 성부인 '憂(yōu)'를 필획이 간단하고 발음이 같은 '尤(yóu)'로 대체하여 '优'로 쓴다. '擾'는 '어지럽다'라는 뜻인데, 역시 성부인 '憂'를 '尤'로 대체하여 '扰'로 간화하였다.

그러나 이 경우에는 유의할 점이 많다.

첫째, '憂'를 성부가 아닌 단독 글자로 쓸 때는 '尤'로 간화하지 않고, '心'을 편방으로 추가한 '忧'로 간화하였다. 이는 '근심하다'라는 의미를 명확하게 나타내고, 번체자 중의 '尤'와 구분하기 위하여 '마음'을 나타내는 '心'을 추가한 것이다.

둘째, 한자 중에는 이미 '心'과 '憂'가 결합된 '懮' 자가 있다는 점이다. 따라서 '忧'를 '懮'의 성부 憂를 尤로 간화한 간체자라고 잘못 알기 쉬우나, '忧'는 '懮'의 간체자가 아니라 '憂'의 간체자이다. '懮(yōu)'는 '느릿느릿하다'라는 뜻이며, 간화하지 않고 그대로 '懮'로 쓴다.

③階와阶

'階(jiē)'는 '阜(阝)'를 형부로, '皆'를 성부로 삼은 형성자이다. 본의는 '섬돌'이고, 이후 '계단'의 뜻으로 쓰였다. 간체자인 '阶'는 성부인 '皆(jiē)'와 발음이 같으면서 필획이 간단한 '介(jiè)'를 성부로 삼아 자형을 간화하였다.

그러나 '皆'을 성부로 삼았다고 해서 모두 '介'로 대체하여 간화하지는 않았다. 즉 '皆'를 편방으로 삼은 '楷(나무 이름, kǎi, jiè)', '揩(문지르다, kāi, kài)', '鍇(쇠, jiē, jiě)' 등은 간체자에서 '皆'를 '介'로 대체하지 않고 그대로 '楷', '揩' '锴'로 쓴다.

대신 '가격'이란 뜻의 '價(jià)'는 '人'을 형부로 '賈'를 성부로 삼은 형성자인데, 성부 '賈'를 '介'로 대체하여 간체자는 '价'로 쓴다.

④ 戰과 战

'戰(zhàn)'은 '戈'를 형부로, '單'을 성부로 삼은 형성자이다. 간체자인 '战'은 성부인 '單'을 '占'으로 대체하여 만들어졌는데, 이 글자는 필획이 간단한 글자로 성부를 대체하여 자형을 간화함과 동시에 현실음을 고려하여 독음을 보다 정확하게 나타낼 수 있는 글자를 성부로 삼았다. 즉 '單'의 현대 중국어 발음은 'dān'이기 때문에, 'zhàn'이란 독음을 정확하게 나타낼 수 없다. 따라서 현대 중국어 발음을 고려하여 '占(zhān, zhàn)'을 성부로 삼았다.

⑤ 燈과 灯

'燈(dēng)'은 '火'를 형부로, '登'을 성부로 삼은 형성자이고, 본의는 '등잔', '등불'이다. 간체자인 '灯'은 성부인 '登'을 자형이 간단한 '丁'으로 대체하여 간화하였다. 그러나 이 글자의 경우에는 간체자의 성부인 '丁(dīng)'의 발음이 오히려 본래의 성부인 '登(dēng)'과 비교하여 '燈'의 발음과 차이가 있기 때문에, 주의가 필요하다.

또한 '登'을 성부로 삼은 모든 글자를 간화할 때, '登'을 '丁'으로 대체한 것은 아니다. 즉 '證(zhèng)'은 '言'을 형부로, '登'을 성부로 삼은 형성자인데, 이 글자의 간체자는 '订'이 아니라 '证'이다. '订'은 '訂(dìng)'의 간체자이다.

■ 간화의 원칙 5: 번체자의 일부만 취하거나 다른 글자로 대체

지금까지의 간체자는 번체자와 자형상으로 혹은 발음상으로 연관성이 있기 때문에, 학습에 커다란 어려움은 없어 보인다. 그러나 모든 간체자가 번체자와 뚜렷한 연관성이 있는 것은 아니다. 즉 번체자의 복잡한 자형 중에서 일부만을 취하여 간화하거나, 번체자의 복잡한 형태를 간단한 형태의 다른 한자나 편방, 부호 등을 써서 대체한 간체자들도 상당수 있다. 다음에서는 이러한 방식으로 간화된 간체자에 대해서 예를 들어 살펴보기로 하자.

① 開와 开

'開'는 '~을 열다'라는 의미를 지니며, '門'과 '开'로 이루어진 글자이다. 간체자에서는 '문'을 나타내는 '門'을 생략하고 가운데 부분인 '开'로 쓴다. 조심할 점은 '門'을 편방으로 삼은 모든 글자들이 간화될 때 '門'을 생략하는 것은 아니라는 점이다. 예를 들어 '鐗' 자의 간체자는 '锏'이고, '開'의 반대어인 '閉'의 간체자는 '闭'이다.

② 點과 点

'點'의 본의는 '검은 점'으로, '검은색'을 뜻하는 '黑'을 형부로 삼고, '占'을 성부로 삼아 결합된 형성자이다. 간체자는 형부인 '黑'에서 아래 부분의 '灬'만을 남기고 나머지는 생략하여 '点'으로 쓴다.

$$點 → 點 → 点$$

③ 廠과 厂

'廠'은 '공장', '헛간' 등의 의미로 쓰이며, '집'을 나타내는 '广'을 형부로, 발음을 나타내는 '敞'을 성부로 삼은 형성자이다. 간체자는 성부를 삭제하고, 형부인 '广'에서 꼭지점을 생략하여 '厂'으로 쓴다. 사실 번체자 중에는 '廠'의 간체자인 '厂'과 자형이 동일한 '厂'이 따로 있지만, '厂'은 현대 중국어에서 이미 독체자(獨體字)로는 사용되지 않고 있으므로, '廠'의 간체자인 '厂'과 혼동될 염려는 없다.

■ 간화의 원칙 6: 번체자의 일부를 취한 뒤 다시 간화

한자 간화의 목적은 복잡한 자형을 간단하게 만들어서 사용상의 편리함을 추구하는 것이다. 지금까지 살펴본 간체자는 번체자의 복잡한 자형 중에서 일부만을 취하거나, 일부 편방을 간단한 형태의 다른 한

자나 편방, 부호 등을 써서 대체한 것이었다.

그러나 일부 간체자는 번체자의 일부를 취한 뒤, 다시 간화시키거나 수정하여 만들었기 때문에 번체자와의 연계성이 빈약하다. 따라서 이러한 간체자를 학습할 때는 보다 세심한 주의가 필요하다. 몇 가지 예를 들어 살펴보기로 하자.

① 總과 总

'總'은 형부인 '糸'와 성부인 '悤'이 결합한 글자이다. 간체자인 '总'은 형부인 '糸'를 생략한 뒤, 성부인 '悤'의 상단부를 간화시키고 변화시켜 만들어졌다. 획수는 17획에서 9획으로 대폭 줄었지만, 자형상의 연관성이 적기 때문에 간체자를 익힐 때 주의해야 한다.

② 處와 处

'處'는 '虍'를 형부로 삼아 만들어진 합체자이다. 간체자인 '处'는 형부를 생략하고, 글자의 하단부 역시 변화시켜 만들어졌다.

③ 爺와 爷

'爺'는 '父'를 형부로 '耶'를 성부로 삼은 형성자이며, 현대 중국어에서는 주로 '할아버지(爺爺)'라는 뜻으로 쓰인다. 간체자인 '爷'는 성부인 '耶'를 다른 글자로 대체하였다.

④ 壓과 压

'壓'은 '土'를 형부로 '厭'을 성부로 삼은 형성자이다. 간체자인 '压'
은 글자의 윤곽인 '厂'은 그대로 둔 채 글자의 내부를 대폭 간화하여
만들어졌다. 즉 성부인 '厭'에서 犬자의 우측에 있던 점만을 취하고,
형부인 '土'과 결합하여 만들어졌다.

⑤ 嚴과 严

'嚴'은 '口'를 부수로 삼은 합체자로, 획수가 20획이나 되는 복잡한
글자이다. 간체자는 글자 상단부의 '口口'를 간략한 형태로 바꾸고, 글
자의 내부에 있던 '敢'을 생략하여 만들었다.

⑥ 腦와 脑

'腦'는 '肉'을 형부로 삼은 합체자이며, 획수는 13획이지만 글자의
모양이 복잡하여 제대로 쓰기가 쉽지 않다. 간체자는 형부인 '肉'은 그
대로 두고, 글자의 우측 부분을 대폭 간화하여 만들어졌다. 본래의 모
양과 많이 다르기 때문에 간체자를 익힐 때 주의해야 한다.

⑦ 雜과 杂

'雜'은 '隹'를 형부로 삼은 합체자로, 획수는 18획이다. 간체자인
'杂'은 형부인 '隹'를 생략하고, 좌측 상단부를 '九'로 변화시킨 뒤
'木'과 결합하여 만들어졌다.

⑧ 寶와 宝

갑골문	금문	소전	예서	해서	간체자
𡨦	𤫫	寶	寶	寶	宝

'寶'는 '宀'을 형부로 삼은 합체자이며, 초기 자형은 집안에 '조개 (貝)'와 '옥(王)'이 있음을 나타내 '귀한 보물'이란 의미를 나타냈다. 금문 단계에서는 '缶(缶)'가 성부로 추가되었고, 이후 소전 단계부터 오늘날의 '寶'와 동일한 자형을 가지게 되었다. 간체자에서는 성부인 '缶'를 생략하고, 집안에 있던 보물 중에서 '조개(貝)'를 생략하고 '집 (宀)'과 '옥(玉)'만을 남겨 글자로 삼았다.

⑨ 麗와 丽

갑골문	금문	소전	예서	해서	간체자
𢃇	𢃇	麗	麗	麗	丽

'麗'의 초기 자형을 보면 아름다운 두 쌍의 뿔을 가진 사슴을 상형한 것임을 알 수 있다. 이후 소전 단계에서 두 쌍의 뿔이 사슴으로부터 떨어지게 되었고, 예서에서는 두 개의 '丙'으로 예변(隸變)되었으며 해서에서 오늘날의 '麗'가 되었다. 간체자는 '丽'로 쓰는데, 즉 '사슴(鹿)'은 생략하고 '두 쌍의 뿔'만을 남겨둔 셈이다.

⑩ 網과 网

'網'은 '糸'를 형부로 '罔'을 성부로 삼은 형성자이다. 간체자는 형부인 '糸'를 생략하고, 성부인 '罔'을 '网'으로 변화시켜 만들어졌다. 글자의 모양이 크게 달라졌기 때문에, 초기 한자의 자형을 모른다면 어떤 글자의 간체자인지 추측하기 어렵다.

갑골문	금문	소전	예서	해서	간체자
网	网	网	網	網	网

■ 간화의 원칙 7: 새로운 글자로 대체

지금까지 살펴본 간체자는 번체자와 비교하여 자형에 이미 많은 변화가 일어났기 때문에 쉽게 연관성을 찾기 어렵지만, 여전히 A를 A'로 간화하였다는 최소한의 연계성은 남아 있었다. 그러나 일부 간체자의 경우에는 마치 새로운 한자를 조자(造字)하는 것처럼 번체자와의 연계성이 전혀 없는 것이 있다. 다음에서는 간화의 마지막 방식인, 새로운 글자로 대체된 간체자에 대해서 살펴보기로 하자.

① 體와 体

'體'는 '骨'을 형부로, '豊'을 성부로 삼은 형성자로, 의미는 '몸'이다. 간체자는 23획이나 되는 이 글자를 7획의 '体'로 간화하였다. 즉 간체자인 '体'는 사람(人)의 근본(本)이 '몸'이라는 것을 나타내기 위하여 '人'과 '本'을 결합하여 만든 회의자로, '體'와 '体'는 자형상의 연관성이 전혀 없기 때문에 새로운 한자를 익히는 것처럼 공부하지 않으면 알기 어렵다.

② 陽과 阳

'陽'은 '阜'를 형부로 '昜'을 성부로 삼은 형성자이며, 자의는 '볕', '양지' 등이다. 간체자는 12획인 이 글자를 간화하여 7획인 '阳'으로 쓴다. 번체자의 자형과는 연계성이 적지만, 간체자만을 놓고서 본다면 자의를 충분히 잘 나타낸다고 할 수 있다. 즉 '볕'이란 의미를 나타내기 위하여 '언덕(阜)'과 '태양(日)'을 결합한 회의자이다. 마치 새로운 한자를 만든 것과 같다.

③ 陰과 阴

'陰'은 '阜'를 형부로 삼은 형성자로, 자의는 '응달'이다. 간체자는 11획인 이 글자를 간화하여 7획인 '阴'으로 쓴다. 위의 陽과 阳처럼 '응달'이란 의미를 나타내기 위하여 태양과 반대되는 '달(月)'을 편방으로 삼은 것으로, 마치 새로운 글자를 조자한 것과 같다.

④ 雙과 双

'雙'은 '隹'를 부수로 삼은 합체자이며, 두 마리의 새(隹)를 손(又)으로 잡는다는 의미를 나타내 '쌍'이라는 의미를 나타냈다. 간체자는

18획인 이 글자를 4획으로 간화한 '双'으로 쓴다. '雙'과 '双'은 자형상으로 연관성을 찾기 어렵지만, 간체자만을 놓고 본다면 의미를 나타내는데 문제가 없음을 알 수 있다. 즉 두 개의 손(又)이 나란히 놓여 있는 것을 취하여 '쌍'이란 의미를 나타낸 것으로, 마치 새로운 글자를 조자한 것과 같다.

⑤ 筆과 笔

'筆'은 '竹'과 '聿'이 결합된 회의자로, '대나무로 만든 붓'임을 나타낸다.

갑골문	금문	소전	예서	해서

편방으로 쓰인 '聿'은 본래 '손으로 붓을 잡고 있는 형상'을 취한 것이며, 주로 대나무로 붓을 만들었기 때문에 대나무를 나타내는 '竹'과 '聿'을 더하여 '붓'이란 의미의 '筆'을 만들었다. 간체자에서는 '聿' 대신에 '털'을 나타내는 '毛'를 '竹'과 결합하여 '笔'로 쓴다.

이 글자의 경우에는 간화의 효과 외에 의미를 보다 명확하게 나타내기 위하여 편방을 교체한 것으로 볼 수 있다. 즉 획수는 12획에서 10획으로 단지 2획이 감소하였지만, '붓'이란 의미는 '筆' 보다는 '笔'이 보다 명확하게 나타낼 수 있다. 왜냐하면 오늘날 '聿'은 그리 많이 사용되는 글자가 아니기 때문이다.

　지금까지 간화의 몇 가지 원칙을 살펴보았다. 위에서 언급한 것처럼 처음 한자 간화를 할 때, 간화 원칙을 명확히 수립하고 원칙에 따라 간화 작업을 진행한 것이 아니고, 귀납적으로 간체자 자형을 번체자와 비교하여 위의 몇 가지 원칙을 찾아낸 것이다. 따라서 간체자를 사용할 때 여전히 혼동이 발생하고, 주의를 기울여야 하는 부분이 있다. 특히 본래 다른 의미로 사용하던 번체자 자형으로 다른 글자를 간화한 간체자들이 대략 29자 있는데, 이런 간체자들은 매우 유의해서 사용해야 한다.

　예를 들어 '瞭'의 간체자는 '了'이고, '齣'의 간체자는 '出'이며, '後'의 간체자는 '后'인데, 간체자 '了', '出', '后'는 번체자에서 이미 다른 의미로 사용되던 글자들이기 때문에, 두 가지 이상의 중의(重意)를 지니게 되었다. 이런 간체자는 '只'와 '隻', '几'와 '幾', '才'와 '纔', '別'과 '彆', '干'과 '乾', '千'과 '韆', '板'과 '闆', '冲'과 '衝', '谷'과 '穀' 등이 있다.

　이런 문제점이 존재하지만, 그럼에도 간체자 학습을 할 때 위의 몇 가지 간화 원칙을 우선적으로 학습한다면, 보다 효율적으로 간체자 학습을 할 수 있다.

(4) 한자 간화의 의의 및 한계

'간체자'는 말 그대로 복잡한 필획(筆劃)을 간단하게 간화(簡化)하여 만든 한자이다.

$$龜\ 와\ 龟$$

'龜'는 '거북이'라는 뜻의 한자로 획수는 16획이나 되고, 모양이 너무 복잡하여 글자를 쓰는 사람에 따라 획수가 조금씩 달라지기도 하고, 정확하게 써내는 것 역시 쉽지 않다. 간체자는 자형을 간화하여 '龟'로 쓰는데, 획수가 7획으로 줄었을 뿐만 아니라 글자를 쓰기 위해 투자되는 시간과 공력이 줄어들고, 글자를 외우는 것 역시 훨씬 쉬워졌다.

간체자의 가장 큰 장점은 이처럼 획수가 줄어들었다는 것이다. 통계에 의하면 간체자로 정해진 2,235자의 평균 획수는 10.3획인데 반해, 이 글자들의 간화하기 이전 평균 획수는 15.6획이라고 한다. 산술적으로는 번체자 두 자를 쓸 동안 간체자 세 자를 쓸 수 있는 셈이다.

한자 간화의 가장 큰 소득은 한자를 보다 쉽고 빠르게 학습하고 사용할 수 있게 되었다는 점이다.

그렇다면 한자를 간화함으로써 잃게 된 것은 무엇일까?

전체 간체자 중에서 글자의 일부를 생략하여 만들어진 간체자가 많은 부분을 차지하는데, 이러한 과정에서 한자가 가지고 있는 표의문자라는 특징이 상당부분 소실되었다는 점은 단점으로 지적되기도 한다. 간체자의 이러한 단점을 얘기할 때 주로 인용되는 이야기가 있는데, 간단히 소개하고자 한다.

한 중국인이 도시에 가서 크게 성공한 뒤, 고향으로 돌아가 공장을 세워 물건을 만들려고 했지만 동네 사람들이 반대하였다고 한다. 그 사람은 공장에서 물건을 만들어 사랑하는 친척들을 돕기 위해서라고 둘러댔지만, 고향 사람들은 끝까지 반대하였다고 한다. 왜냐하면 그 사람은 사랑하는 마음이 없고, 친척을 돌보지도 않을 것이라고 여겼기 때문이다. 결국 공장은 텅 비고 그 중국인은 아무것도 만들어내지 못했다고 한다.

이 이야기는 실화는 아니고, 간체자의 단점을 지적하기 위해서 만들어진 이야기이다. 즉 '愛'는 '사랑하다', '좋아하다'라는 뜻이지만, 간체자는 글자 중앙에 있던 '心'(마음)을 생략하여 '爱'로 쓴다. '親'은 '어버이', '혈육 관계' 혹은 '사랑하다', '좋아하다'라는 뜻을 나타내지만, 간체자는 글자 우측에 있던 '見(만나다, 접촉하다)'를 생략하여 '亲'으로 쓴다.

'廠'은 '공장', '헛간' 등의 뜻이지만, 간체자는 글자의 내부를 모두 생략하여 '厂'으로 쓰기 때문에, 마치 공장이 텅 비어 있는 것 같다. '産' 자는 '낳다', '만들어내다', '나오다' 등의 뜻이지만, 간체자는 '나다, 만들어지다'라는 뜻을 나타내는 '生'을 생략하여 '产'으로 쓴다. 결국 만들어진 것이 없게 된 셈이다.

이상과 같이 간체자의 탄생과 사용은 중국인이 한자를 쉽고 빠르게 학습하고 비교적 편리하게 사용할 수 있게 만들어 중국의 문맹률 감소, 교육 보급, 국가적 통일성 강화에 큰 기여를 했다는 긍정적인 면도 있는 반면, 표의문자로서의 한자의 특징을 사라지게 하고 한자 문화의 단절과 지역적 차이를 초래했다는 부정적인 면도 동시에 가지고 있다.

3) 한어병음방안(汉语拼音方案)

중국은 예로부터 땅이 넓고 민족이 다양하여 지역마다 방언의 사용이 보편적이었다. 따라서 같은 한자라도 지역에 따라, 민족에 따라 각기 다르게 읽었고, 이에 원활한 의사소통이 어려웠다.

1950년대 초반, 중국 정부는 문맹 퇴치와 표준 중국어 보급을 위해 새로운 로마자식 발음 표기법을 연구하기 시작했고, 1958년 2월 11일, 중국 전국인민대표대회(전인대)에서 《한어병음방안》이 공식적으로 승인되었으며, 1979년에 중국 정부가 한어병음을 중국어의 공식 로마자 표기법으로 선언하였다. 이후 1982년 국제표준화기구(ISO)에서도 한어병음을 중국어 표기의 국제 표준으로 채택하였다.

표준 중국어 보급을 위한 이러한 노력은 사실 한어병음방안의 제정과 보급 이전에도 있었는데, 이에 대해서 먼저 살펴보기로 한다.

(1) 한어병음방안 이전의 중국어 발음 표기법

■ 반절(反切): 한자음 표기의 전통적인 방법

대략 한나라부터 청나라까지 사용된 한자의 발음 표기법이다. 반절은 두 개의 한자를 이용하여 한자의 발음을 표기하는 방식인데, 예를들면 아래와 같다.

[東, 德红切]

德红切에서 반절상자(反切上字)인 德은 성모가 [d-]임을, 반절하자(反切下字)인 紅은 운모가 [-ong]임을 나타낸다. 즉 東의 발음은 [d+ong=dong]임을 나타낸다.

오랜 기간 중국에서는 반절로 한자의 음을 표기했고, 중국 문사철(文史哲) 연구에 공헌을 하였다. 하지만 반절은 몇 가지 한계가 있었는데, 첫째는 반절에 사용된 한자(반절상자, 반절하자)의 음을 모르면 한자의 음을 알 수 없었고, 둘째, 지역에 따라 한자의 음이 달라 반절상자와 반절하자에 다른 한자를 쓰기도 함으로써, 오히려 정확한 한자음을 읽히는 데 걸림돌이 되기도 하였다는 점이다.

지금은 반절에 사용된 반절상자, 반절하자를 고대, 중세 시기 중국의 한자음 연구에 활용하고 있다.

■ 명·청 시기의 로마자 표기법

명·청시기에는 중국어를 배우려는 서양 선교사들이 여러 로마자 표기법을 개발하였는데, 대표적인 것은 아래와 같다.

① 리마 로마자 표기법(Matteo Ricci, 1605년경)

선교사 마테오 리치가 이탈리아어 철자를 기반으로 만든 중국어 표기법으로, 중국어를 로마자로 표기하는 초기의 방식이다.

예시: 北京 → Pechino

上海 → Xanghái

② 웨이드-자일스 표기법(1859년, 1892년 개정)

토머스 웨이드(Thomas Wade)와 허버트 자일스(Herbert Giles)가 만든 영국식 발음 표기법으로 성조 표기가 불편하고 일부 표기가 실제 발음과 차이가 있었지만, 영어권에서 20세기 중반까지 널리 사용되었다. 지금도 '북경'을 Beijing이 아닌 'Peking(PK)'로 표기하는 곳이 많은데, 이 표기법에서 시작된 것이다.

예시: 北京 → Peking

上海 → Shang-hai

中国 → Chung-kuo

③ 예수회 선교사 표기법

1682년에 프랑스 예수회 선교사들이 프랑스어 철자법을 기반으로
만든 표기법이다. 역시 일부 표기가 실제 발음과 차이가 있다는 단점
이 있었다.

예시: 北京 → Pe-King

广东 → Quang-Tong

④ 라틴화 신문자(Sin Wenz, 1931년 발표)

1931년, 소비에트 연방과 중국 공산당 지식인들이 공동으로 개발한
표기법으로 러시아 키릴문자와 서구 철자법을 참고한 로마자 표기법
이다. 1940년대까지 중국 공산당과 일부 지역에서 사용되었지만, 이
후 한어병음으로 대체되었다.

예시: 北京 → Beiging

上海 → Shanxai

1958년 한어병음방안이 공식적으로 채택되면서 위의 방식들은 점
차 사라지거나 보조적인 역할로 남게 되었다.

(2) 한어병음방안

한어병음은 중국어 발음을 표기하기 위한 로마자 표기 체계이다.
이는 중국어 발음을 표준화하여 보통화(普通话) 학습을 쉽게 함으로

써 문맹률을 낮추기 위한 목적으로 개발되었는데, 1949년 당시 80%에 달하던 문맹률이 20세기 말까지 급격히 감소하는 효과를 거두었고, 방언이 강한 중국에서 전국적으로 언어 통일이 촉진되었다. 또한 로마자를 이용하여 발음을 표기함으로써 중국어는 외국인들에게도 배우기 쉬운 언어가 되었고, 이는 중국의 국제적 위상 강화에 기여하였다. 이에 현재 한어병음은 국제적인 중국어 발음 표기법으로 자리 잡았다.

한어병음을 구체적으로 살펴보면 아래와 같다.

■ 성모(声母): 총 21개

성모	예시 (한자 - 발음)
b, p, m, f	爸(bà), 跑(pǎo), 妈(mā), 发(fā)
d, t, n, l	大(dà), 他(tā), 那(nà), 来(lái)
g, k, h	高(gāo), 看(kàn), 好(hǎo)
j, q, x	鸡(jī), 去(qù), 西(xī)
zh, ch, sh, r	这(zhè), 吃(chī), 少(shǎo), 热(rè)
z, c, s	在(zài), 草(cǎo), 思(sī)

■ 운모(韵母): 총 39개

① 단운모(单韵母): 단일 모음(6개)

운모	예시(한자/발음)
a	八(bā)
o	我(wǒ)
e	哥(gē)

운모	예시(한자/발음)
i	你(nǐ)
u	无(wú)
ü	女(nǚ)

② 복운모(复韵母): 이중 모음 또는 삼중 모음(13개)

운모	예시(한자/발음)
ai	爱(ài)
ei	北(běi)
ao	高(gāo)
ou	走(zǒu)
ia	家(jiā)
ie	谢(xiè)
ua	挂(guà)
uo	火(huǒ)
üe	月(yuè)
iao	小(xiǎo)
iou	九(jiǔ)
uai	快(kuài)
uei	对(duì)

③ 비모음 운모(鼻韵母): 비음화된 모음(16개)

운모	예시(한자/발음)
an	山(shān)
en	人(rén)
in	心(xīn)

un	分(fēn)
ün	云(yún)
ang	长(zhǎng)
eng	等(děng)
ing	明(míng)
ong	东(dōng)
iang	想(xiǎng)
iong	用(yòng)
uang	光(guāng)
ueng	冷(lěng)

모택동의 한자 개혁은 현대 중국의 교육, 사회, 경제 발전에 크게 기여한 정책으로 평가받는다. 즉 간체자와 한자병음의 도입은 문맹률을 낮추고, 중국어 학습을 쉽게 만들었으며, 오늘날 중국의 국제화를 뒷받침하는 중요한 기반이 되었다.

반면 한자 개혁이 표의문자로서의 한자의 특징을 약화시키고, 중국의 소중한 역사 문화를 단절시켰다는 비판도 여전히 존재한다.

(3) 주음부호(注音符号)

중국어 발음을 표기하는 부호 체계로, 대만에서 현재까지 사용되는 중국어 발음 기호이다. 주음부호는 한어병음과 같은 역할을 하지만, 한어병음이 로마자를 사용하는 반면 주음부호는 고유의 기호를 사용한다.

■ 주음부호의 역사

1913년, 중화민국 정부가 한자의 발음을 쉽게 표기하기 위해 개발하였고, 1918년에 공식적으로 승인되었다. 당시의 명칭은 '국음(國音) 부호'였으나 이후 '주음부호'로 개칭되었다. 대만에서는 현재까지 사용되고 있다.

■ 주음부호의 체계

주음부호는 총 37개의 기호(초성 21개 + 중·종성 16개)와 4개의 성조 기호로 구성된다.

① 성모: 21개

주음부호	한어병음
ㄅ	b
ㄆ	p
ㄇ	m
ㄈ	f
ㄉ	d
ㄊ	t
ㄋ	n
ㄌ	l
ㄍ	g
ㄎ	k
ㄏ	h
ㄐ	j
ㄑ	q

丁	x
坐	zh
彳	ch
ㄕ	sh
ㄖ	r
ㄗ	z
ㄘ	c
ㄙ	s

② 운모: 16개

주음부호	한어병음
ㄚ	a
ㄛ	o
ㄜ	e
ㄝ	ê
ㄞ	ai
ㄟ	ei
ㄠ	ao
ㄡ	ou
ㄢ	an
ㄣ	en
ㄤ	ang
ㄥ	eng
ㄦ	er
ㄧ	i
ㄨ	u
ㄩ	ü

③ 성조: 4개 성조

주음부호에서는 성조를 숫자가 아닌 기호로 표시한다.

성조	기호	한어병음 표기
1성	ˉ	mā
2성	´	má
3성	ˇ	mǎ
4성	ˋ	mà

예) 北京 → ㄅㄟˇ ㄐㄧㄥ

　　中国 → ㄓㄨㄥ ㄍㄨㄛˊ

대만에서는 지금도 초등학교 교육과 사전에서 필수적으로 사용되
며, 한어병음보다 정밀한 발음 구별이 가능하지만, 국제적으로는 한어
병음이 국제 표준이 되어 대만 외에는 널리 사용되지 않고 있다.

마치며

언어는 음성적 표현을 통해 실시간으로 변화하고 소통하는 살아 있는 현상인 반면, 문자는 그 언어를 일정한 형태로 고정시키고 보존하는 역할을 담당한다.

언어와 문자는 이처럼 맡은 역할이 구분되지만, 언어는 문자에, 문자는 언어에 지속적으로 영향을 끼치고 변화·발전하며, 동시에 언어와 문자는 단순한 소통의 도구가 아니라 인간 사고와 문화 형성의 중요한 기반이 된다.

이상의 내용을 근거로 이 책은 중국어와 한자가 단순한 의사소통의 도구를 넘어, 깊은 역사와 문화, 그리고 인간 사고의 방식을 반영하는 복합적 체계임을 설명하고자 하였다. 중국어는 소리와 성조를 중심으로 변화하는 살아 있는 언어로서, 간결한 음절 구조와 체계적인 음운 규칙을 통해 의미를 전달하고, 한자는 수천 년의 역사 속에서 다듬어져 온 상징적 문자로서, 각 글자에 담긴 부수와 구성 요소를 통해 풍부한 문화적, 철학적 의미를 함께 품고 있다. 동시에 두 체계는 상호 보완적 관계를 이루기 때문에, 한자 학습은 단순 암기에서 벗어나 언어의 근원과 문화적 정서를 깊이 이해하는 길을 열어준다.

또한 이 책은 중국어와 한자의 내재적 특성을 바탕으로, 한자의 구조적 특성과 의미 형성 원리를 분석하고, 효과적인 한자 학습 방법을 제시하였다. 즉 한자 학습은 문자 하나하나의 의미를 외우는 작업을 넘어서, 그 속에 담긴 역사와 철학, 그리고 인간의 사유 방식을 이해하는 여정이 되어야 한다. 왜냐하면 한자는 단순한 기호 체계를 넘어, 자연과 인간, 철학적 사유가 응집된 문화적 산물로서 중국인의 세계관과 사고방식을 형성해왔기 때문이다.

음성과 의미가 결합된 중국어의 특성은 한자가 단순히 소리의 기록을 넘어, 상징과 이미지로서 심오한 내면의 세계를 표현하는 도구임을 시사한다. 따라서 한자의 부수와 구성 요소를 체계적으로 분해하여 그 기원과 변천 과정을 이해하고, 시각적 이미지와 문화적 맥락을 접목한 학습 방법은 학습자의 기억력과 이해도를 크게 향상시킬 수 있다.

이처럼 중국어와 한자는 서로 연결되어 있으므로, 중국어 학습 과정에서 한자 교육은 반드시 필요하며, 언어와 문자가 상호 강화되는 학습 경험을 제공하는 것이 효과적이다.

이 책이 제시한 내용과 학습 방법이 중국어와 한자에 관심 있는 독자들 및 교육자들에게 실질적인 도움과 영감을 제공하길 바라며, 나아가 보다 풍부하고 깊이 있는 문화 이해를 위한 토대가 되기를 바란다.

부록
참고 문헌

《现代汉语常用字表》常用字(2500字)

◆ 一画

一 乙

◆ 二画

二 十 丁 厂 七 卜 人 入 八 九 几 儿 了 力 乃 刀 又

◆ 三画

三 于 干 亏 士 工 土 才 寸 下 大 丈 与 万 上 小 口 巾 山 千
乞 川 亿 个 勺 久 凡 及 夕 丸 么 广 亡 门 义 之 尸 弓 己 已
子 卫 也 女 飞 刃 习 叉 马 乡

◆ 四画

丰 王 井 开 夫 天 无 元 专 云 扎 艺 木 五 支 厅 不 太 犬 区
历 尤 友 匹 车 巨 牙 屯 比 互 切 瓦 止 少 日 中 冈 贝 内 水

见午牛手毛气升长仁什片仆化仇币仍仅斤爪反
介父从今凶分乏公仓月氏勿欠风丹匀乌凤勾文
六方火为斗忆订计户认心尺引丑巴孔队办以允
予劝双书幻

♦ 五画

玉刊示末未击打巧正扑扒功扔去甘世古节本术
可丙左厉右石布龙平灭轧东卡北占业旧帅归且
旦目叶甲申叮电号田由史只央兄叼叫另叨叹四
生失禾丘付仗代仙们仪白仔他斥瓜乎丛令用甩
印乐句匆册犯外处冬鸟务包饥主市立闪兰半汁
汇头汉宁穴它讨写让礼训必议讯记永司尼民出
辽奶奴加召皮边发孕圣对台矛纠母幼丝

♦ 六画

式刑动扛寺吉扣考托老执巩圾扩扫地扬场耳共
芒亚芝朽朴机权过臣再协西压厌在有百存而页
匠夸夺灰达列死成夹轨邪划迈毕至此贞师尘尖
劣光当早吐吓虫曲团同吊吃因吸吗屿帆岁回岂
刚则肉网年朱先丢舌竹迁乔伟传乒乓休伍伏优
伐延件任伤价份华仰仿伙伪自血向似后行舟全

会杀合兆企众爷伞创肌朵杂危旬旨负各名多争
色壮冲冰庄庆亦刘齐交次衣产决充妄闭问闯羊
并关米灯州汗污江池汤忙兴宇守宅字安讲军许
论农讽设访寻那迅尽导异孙阵阳收阶阴防奸如
妇好她妈戏羽观欢买红纤级约纪驰巡

♦ 七画

寿弄麦形进戒吞远违运扶抚坛技坏扰拒找批扯
址走抄坝贡攻赤折抓扮抢孝均抛投坟抗坑坊抖
护壳志扭块声把报却劫芽花芹芬苍芳严芦劳克
苏杆杠杜材村杏极李杨求更束豆两丽医辰励否
还歼来连步坚旱盯呈时吴助县里呆园旷围呀吨
足邮男困吵串员听吩吹呜吧吼别岗帐财针钉告
我乱利秀私每兵估体何但伸作伯伶佣低你住
位伴身皂佛近彻役返余希坐谷妥含邻岔肝肚肠
龟免狂犹角删条卵岛迎饭饮系言冻状亩况床库
疗应冷这序辛弃冶忘闲间闷判灶灿弟汪沙汽沃
泛沟没沈沉怀忧快完宋宏牢究穷灾良证启评补
初社识诉诊词译君灵即层尿尾迟局改张忌际陆
阿陈阻附妙妖妨努忍劲鸡驱纯纱纳纲驳纵纷纸
纹纺驴纽

◆ 八画

奉 玩 环 武 青 责 现 表 规 抹 拢 拔 拣 担 坦 押 抽 拐 拖 拍
者 顶 拆 拥 抵 拘 势 抱 垃 拉 拦 拌 幸 招 坡 披 拨 择 抬 其
取 苦 若 茂 苹 苗 英 范 直 茄 茎 茅 林 枝 杯 柜 析 板 松 枪
构 杰 述 枕 丧 或 画 卧 事 刺 枣 雨 卖 矿 码 厕 奔 奇 奋 态
欧 垄 妻 轰 顷 转 斩 轮 软 到 非 叔 肯 齿 些 虎 虏 肾 贤 尚
旺 具 果 味 昆 国 昌 畅 明 易 昂 典 固 忠 咐 呼 鸣 咏 呢 岸
岩 帖 罗 帜 岭 凯 败 贩 购 图 钓 制 知 垂 牧 物 乖 刮 杆 和
季 委 佳 侍 供 使 例 版 侄 侦 侧 凭 侨 佩 货 依 的 迫 质 欣
征 往 爬 彼 径 所 舍 金 命 斧 爸 采 受 乳 贪 念 贫 肤 肺 肢
肿 胀 朋 股 肥 服 胁 周 昏 鱼 兔 狐 忽 狗 备 饰 饱 饲 变 京
享 店 夜 庙 府 底 剂 郊 废 净 盲 放 刻 育 闸 闹 郑 券 卷 单
炒 炊 炕 炎 炉 沫 浅 法 泄 河 沽 泪 油 泊 沿 泡 注 泻 泳 泥
沸 波 泼 泽 治 怖 性 怕 怜 怪 学 宝 宗 定 宜 审 宙 官 空 帘
实 试 郎 诗 肩 房 诚 衬 衫 视 话 诞 询 该 详 建 肃 录 隶 居
届 刷 屈 弦 承 孟 孤 陕 降 限 妹 姑 姐 姓 始 驾 参 艰 线 练
组 细 驶 织 终 驻 驼 绍 经 贯

◆ 九画

奏 春 帮 珍 玻 毒 型 挂 封 持 项 垮 挎 城 挠 政 赴 赵 挡 挺
括 拴 拾 挑 指 垫 挣 挤 拼 挖 按 挥 挪 某 甚 革 荐 巷 带 草

茧 茶 荒 茫 荡 荣 故 胡 南 药 标 枯 柄 栋 相 查 柏 柳 柱 柿
栏 树 要 咸 威 歪 研 砖 厘 厚 砌 砍 面 耐 耍 牵 残 殃 轻 鸦
皆 背 战 点 临 览 竖 省 削 尝 是 盼 眨 哄 显 哑 冒 映 星 昨
畏 趴 胃 贵 界 虹 虾 蚁 思 蚂 虽 品 咽 骂 哗 咱 响 哈 咬 咳
哪 炭 峡 罚 贱 贴 骨 钞 钟 钢 钥 钩 卸 缸 拜 看 矩 怎 牲 选
适 秒 香 种 秋 科 重 复 竿 段 便 俩 贷 顺 修 保 促 侮 俭 俗
俘 信 皇 泉 鬼 侵 追 俊 盾 待 律 很 须 叙 剑 逃 食 盆 胆 胜
胞 胖 脉 勉 狭 狮 独 狡 狱 狠 贸 怨 急 饶 蚀 饺 饼 弯 将 奖
哀 亭 亮 度 迹 庭 疮 疯 疫 疤 姿 亲 音 帝 施 闻 阀 阁 差 养
美 姜 叛 送 类 迷 前 首 逆 总 炼 炸 炮 烂 剃 洁 洪 洒 浇 浊
洞 测 洗 活 派 洽 染 济 洋 洲 浑 浓 津 恒 恢 恰 恼 恨 举 觉
宣 室 宫 宪 突 穿 窃 客 冠 语 扁 袄 祖 神 祝 误 诱 说 诵 垦
退 既 屋 昼 费 陡 眉 孩 除 险 院 娃 姥 姨 姻 娇 怒 架 贺 盈
勇 怠 柔 垒 绑 绒 结 绕 骄 绘 给 络 骆 绝 绞 统

♦ 十画

耕 耗 艳 泰 珠 班 素 蚕 顽 盏 匪 捞 栽 捕 振 载 赶 起 盐 捎
捏 埋 捉 捆 捐 损 都 哲 逝 捡 换 挽 热 恐 壶 挨 耻 耽 恭 莲
莫 荷 获 晋 恶 真 框 桂 档 桐 株 桥 桃 格 校 核 样 根 索 哥
速 逗 栗 配 翅 辱 唇 夏 础 破 原 套 逐 烈 殊 顾 轿 较 顿 毙
致 柴 桌 虑 监 紧 党 晒 眠 晓 鸭 晃 晌 晕 蚊 哨 哭 恩 唤 啊

唉 罢 峰 圆 贼 贿 钱 钳 钻 铁 铃 铅 缺 氧 特 牺 造 乘 敌 秤

租 积 秧 秩 称 秘 透 笔 笑 笋 债 借 值 倚 倾 倒 倘 俱 倡 候

俯 倍 倦 健 臭 射 躬 息 徒 徐 舰 舱 般 航 途 拿 爹 爱 颂 翁

脆 脂 胸 胳 脏 胶 脑 狸 狼 逢 留 皱 饿 恋 桨 浆 衰 高 席 准

座 脊 症 病 疾 疼 疲 效 离 唐 资 凉 站 剖 竞 部 旁 旅 畜 阅

羞 瓶 拳 粉 料 益 兼 烤 烘 烦 烧 烛 烟 递 涛 浙 涝 酒 涉 消

浩 海 涂 浴 浮 流 润 浪 浸 涨 烫 涌 悟 悄 悔 悦 害 宽 家 宵

宴 宾 窄 容 宰 案 请 朗 诸 读 扇 袜 袖 袍 被 祥 课 谁 调 冤

谅 谈 谊 剥 恳 展 剧 屑 弱 陵 陶 陷 陪 娱 娘 通 能 难 预 桑

绢 绣 验 继

♦ 十一画

球 理 捧 堵 描 域 掩 捷 排 掉 堆 推 掀 授 教 掏 掠 培 接 控

探 据 掘 职 基 著 勒 黄 萌 萝 菌 菜 萄 菊 萍 菠 营 械 梦 梢

梅 检 梳 梯 桶 救 副 票 戚 爽 聋 袭 盛 雪 辅 辆 虚 雀 堂 常

匙 晨 睁 眯 眼 悬 野 啦 晚 啄 距 跃 略 蛇 累 唱 患 唯 崖 崭

崇 圈 铜 铲 银 甜 梨 犁 移 笨 笼 笛 符 第 敏 做 袋 悠 偿 偶

偷 您 售 停 偏 假 得 衔 盘 船 斜 盒 鸽 悉 欲 彩 领 脚 脖 脸

脱 象 够 猜 猪 猎 猫 猛 馅 馆 凑 减 毫 麻 痒 痕 廊 康 庸 鹿

盗 章 竟 商 族 旋 望 率 着 盖 粘 粗 粒 断 剪 兽 清 添 淋 淹

渠 渐 混 渔 淘 液 淡 深 婆 梁 渗 情 惜 惭 悼 惧 惕 惊 惨 惯

寇 寄 宿 窑 密 谋 谎 祸 谜 逮 敢 屠 弹 随 蛋 隆 隐 婚 婶 颈
绩 绪 续 骑 绳 维 绵 绸 绿

♦ 十二画

琴 斑 替 款 堪 搭 塔 越 趁 趋 超 提 堤 博 揭 喜 插 揪 搜 煮
援 裁 搁 搂 搅 握 揉 斯 期 欺 联 散 惹 葬 葛 董 葡 敬 葱 落
朝 辜 葵 棒 棋 植 森 椅 椒 棵 棍 棉 棚 棕 惠 惑 逼 厨 厦 硬
确 雁 殖 裂 雄 暂 雅 辈 悲 紫 辉 敞 赏 掌 晴 暑 最 量 喷 晶
喇 遇 喊 景 践 跌 跑 遗 蛙 蛛 蜓 喝 喂 喘 喉 幅 帽 赌 赔 黑
铸 铺 链 销 锁 锄 锅 锈 锋 锐 短 智 毯 鹅 剩 稍 程 稀 税 筐
等 筑 策 筛 筒 答 筋 筝 傲 傅 牌 堡 集 焦 傍 储 奥 街 惩 御
循 艇 舒 番 释 禽 腊 脾 腔 鲁 猾 猴 然 馋 装 蛮 就 痛 童 阔
善 羡 普 粪 尊 道 曾 焰 港 湖 渣 湿 温 渴 滑 湾 渡 游 滋 溉
愤 慌 惰 愧 愉 慨 割 寒 富 窜 窝 窗 遍 裕 裤 裙 谢 谣 谦 属
屡 强 粥 疏 隔 隙 絮 嫂 登 缎 缓 编 骗 缘

♦ 十三画

瑞 魂 肆 摄 摸 填 搏 塌 鼓 摆 携 搬 摇 搞 塘 摊 蒜 勤 鹊 蓝
墓 幕 蓬 蓄 蒙 蒸 献 禁 楚 想 槐 榆 楼 概 赖 酬 感 碍 碑 碎
碰 碗 碌 雷 零 雾 雹 输 督 龄 鉴 睛 睡 睬 鄙 愚 暖 盟 歇 暗
照 跨 跳 跪 路 跟 遣 蛾 蜂 嗓 置 罪 罩 错 锡 锣 锤 锦 键 锯

矮 辞 稠 愁 筹 签 简 毁 舅 鼠 催 傻 像 躲 微 愈 遥 腰 腥 腹
腾 腿 触 解 酱 痰 廉 新 韵 意 粮 数 煎 塑 慈 煤 煌 满 漠 源
滤 溢 滔 溪 溜 滚 滨 梁 滩 慎 誉 塞 谨 福 群 殿 辟 障 嫌 嫁
叠 缝 缠

◆ 十四画

静 碧 璃 墙 撇 嘉 摧 截 誓 境 摘 摔 聚 蔽 慕 暮 蔑 模 榴 榜
榨 歌 遭 酷 酿 酸 磁 愿 需 弊 裳 颗 嗽 蜻 蜡 蝇 蜘 赚 锹 锻
舞 稳 算 箩 管 僚 鼻 魄 貌 膜 膊 膀 鲜 疑 馒 裹 敲 豪 膏 遮
腐 瘦 辣 竭 端 旗 精 歉 熄 熔 漆 漂 漫 滴 演 漏 慢 寨 赛 察
蜜 谱 嫩 翠 熊 凳 骡 缩 十 五 慧 撕 撒 趣 趟 撑 播 撞 撤 增
聪 鞋 蕉 蔬 横 槽 樱 橡 飘 醋 醉 震 霉 瞒 题 暴 瞎 影 踢 踏
踩 踪 蝶 蝴 嘱 墨 镇 靠 稻 黎 稿 稼 箱 箭 篇 僵 躺 僻 德 艘
膝 膛 熟 摩 颜 毅 糊 遵 潜 潮 懂 额 慰 劈

◆ 十六画

操 燕 薯 薪 薄 颠 橘 整 融 醒 餐 嘴 蹄 器 赠 默 镜 赞 篮 邀
衡 膨 雕 磨 凝 辨 辩 糖 糕 燃 澡 激 懒 壁 避 缴

◆ 十七画

戴 擦 鞠 藏 霜 霞 瞧 蹈 螺 穗 繁 辫 赢 糟 糠 燥 臂 翼 骤

♦ 十八画

鞭 覆 蹦 镰 翻 鹰

♦ 十九画

警 攀 蹲 颤 瓣 爆 疆

♦ 二十画

壤 耀 躁 嚼 嚷 籍 魔 灌

♦ 二十一画

蠢 霸 露

♦ 二十二画

囊

♦ 二十三画

罐

부록 2

<214 部首>

♦ 1획

| 一 (1) | │ (2) | 丶 (3) | 丿 (4) | 乙 (5) | 亅 (6) |

♦ 2획

| 二 (7) | 亠 (8) | 人 (9) | 儿 (10) | 入 (11) | 八 (12) | 冂 (13) | 冖 (14) | 冫 (15) | 几 (16) | 凵 (17) | 刀 (18) | 力 (19) | 勹 (20) | 匕 (21) | 匚 (22) | 匸 (23) | 十 (24) | 卜 (25) | 卩 (26) | 厂 (27) | 厶 (28) | 又 (29) |

♦ 3획

| 口 (30) | 囗 (31) | 土 (32) | 士 (33) | 夂 (34) | 夊 (35) | 夕 (36) | 大 (37) | 女 (38) | 子 (39) | 宀 (40) | 寸 (41) | 小 (42) | 尢 (43) | 尸 (44) | 屮 (45) | 山 (46) | 川 (47) | 工 (48) | 己 (49) | 巾 (50) | 干 (51) | 幺 (52) | 广 (53) | 廴

(54) | 廾 (55) |

♦ 4획

| 弋 (56) | 弓 (57) | 彐 (58) | 彡 (59) | 彳 (60) | 心 (61)
| 戈 (62) | 戶 (63) | 手 (64) | 支 (65) | 支 (66) | 文 (67)
| 斗 (68) | 斤 (69) | 方 (70) | 无 (71) | 日 (72) | 曰 (73) |
月 (74) | 木 (75) | 欠 (76) | 止 (77) | 歹 (78) | 殳 (79) | 毋
(80) | 比 (81) | 毛 (82) | 氏 (83) | 气 (84) | 水 (85) | 火
(86) | 爪 (87) | 父 (88) | 爻 (89) | 爿 (90) | 片 (91) | 牙
(92) | 牛 (93) | 犬 (94) |

♦ 5획

| 玄 (95) | 玉 (96) | 瓜 (97) | 瓦 (98) | 甘 (99) | 生 (100)
| 用 (101) | 田 (102) | 疋 (103) | 疒 (104) | 癶 (105) | 白
(106) | 皮 (107) | 皿 (108) | 目 (109) | 矛 (110) | 矢 (111) |
石 (112) | 示 (113) | 内 (114) | 禾 (115) | 穴 (116) | 立 (117) |

♦ 6획

| 竹 (118) | 米 (119) | 糸 (120) | 缶 (121) | 网 (122) | 羊
(123) | 羽 (124) | 老 (125) | 而 (126) | 耒 (127) | 耳 (128)
| 聿 (129) | 肉 (130) | 自 (131) | 至 (132) | 臼 (133) | 舌

(134) | 舟 (135) | 艮 (136) | 色 (137) | 艸 (138) | 虍 (139) |
虫 (140) |

♦ 7획

| 血 (141) | 行 (142) | 衣 (143) | 襾 (144) |

♦ 8획

| 見 (145) | 角 (146) | 言 (147) | 谷 (148) | 豆 (149) | 豕
(150) | 豸 (151) | 貝 (152) | 赤 (153) | 走 (154) | 足 (155) |
身 (156) | 車 (157) | 辛 (158) | 辰 (159) | 辵 (160) |

♦ 9획

| 邑 (161) | 酉 (162) | 釆 (163) | 里 (164) |

♦ 10획

| 金 (165) | 長 (166) | 門 (167) | 阜 (168) | 隶 (169) | 隹
(170) |

♦ 11획

| 雨 (171) | 靑 (172) | 非 (173) |

◆ 12획

| 面 (174) | 革 (175) | 韋 (176) | 韭 (177) | 音 (178) | 頁 (179) |

◆ 13획

| 風 (180) | 飛 (181) | 食 (182) |

◆ 14획

| 首 (183) | 香 (184) |

◆ 15획

| 馬 (185) | 骨 (186) | 高 (187) | 髟 (188) |

◆ 16획

| 鬥 (189) | 鬯 (190) | 鬲 (191) |

◆ 17획

| 魚 (192) | 鳥 (193) | 鹿 (194) |

◆ 18획

| 麥 (195) | 麻 (196) |

♦ 19획

| 黃 (197) | 黍 (198) | 黑 (199) | 黹 (200) |

♦ 20획

| 黽 (201) | 鼎 (202) | 鼓 (203) |

♦ 21획

| 鼠 (204) |

♦ 22획

| 鼻 (205) | 齊 (206) | 齒 (207) |

♦ 23획

| 龍 (208) | 龜 (209) |

♦ 24획

| 龠 (210) |

참고 문헌

[국문 자료]

강주헌. 문자의 역사: 인류 문명사와 함께한 문자의 탄생과 발전. 퍼블리온. 2024년.

권경근 외. 언어와 사회 그리고 문화. 박이정. 2016년.

김경호·하영미. 문자의 발견 역사를 흔들다: 20세기 중국 출토문자의 증언. 너머북스.
　　2016년.

김승곤. 한국어의 기원. 글모아. 2018년.

김진우. 言語의 起源: 進化論과 普遍文法理論의 接合. 한국문화사. 2006년.

김태완. 甲骨文과 中國의 象形文字: 甲骨文. 東巴文. 水書를 대상으로. 學古房. 2012년.

김희상. 사람은 어떻게 말을 하게 되었을까. 알마. 2014년.

류기수. 외국어로서의 중국어 교육. 한신대학교출판부. 2014년.

류동춘. 갑골문. 學古房. 2024년.

박수철·유수아. 언어의 역사: 언어의 기원과 진화에 대한 통찰. 21세기북스. 2011년.

박진수. 동아시아 한자 익히기. 역락. 2020년.

박찬욱 외. 중국 언어의 이해. 한국문화사. 2022년.

백종인·장윤선. 중국어 교육의 이해. 신아사. 2014년.

서순승. 언어의 역사: 말과 글에 관한 궁금증을 풀다. 소소의책. 2020년.

송민호. 언어 문명의 변동: 근대 초기 한국의 소리. 문자. 제도. RHK. 2016년.

엄익상 외. 중국어 교육론. 한국문화사. 2023년.

엄정호 외. 언어와 문화. 한국문화사. 2020년.

연규동. 세계의 문자 사전. 따비. 2023년.

오제중. 중국문자 발전의 역사. 한국문화사. 2023년.

유지현. 언어의 형상과 성찰적 상상력. 작가와비평. 2015년.

윤영삼·조윤정. 알파벳과 여신: 문자는 어떻게 세상을 지배하는가. 콘체르토. 2023년.

윤창준. 갑골문과 중국 고대사회. 어문학사. 2022년.

윤창준 외. 한자의 역사. 역락. 2020년.

윤창준. 신조어를 통해 본 현대 중국 사회문화. 어문학사. 2018년.

윤창준. 중국어 교수법. 학고방. 2018년.

윤창준. 한자 자원(字源)입문. 어문학사. 2013년.

윤철규. 한자의 기원. 이다미디어. 2009년.

이규갑. 한자의 즐거움. 차이나하우스. 2016년.

이동재·허철. 한자 어휘 교육론. 보고사. 2012년.

이영희. 외국인을 위한 한자어 교육 연구. 소통. 2016년.

이해원. 한자 속의 중국 문화. 고려대학교출판부. 2009년.

이현진. 인간의 의사소통 기원. 영남대학교출판부 2015년.

이효숙. 언어의 기원. 알마. 2009년.

장영진. 한자부수 214: 한자자원집해. 다운샘. 2006년.

최성일. 한자교육을 위한 활용이론. 현우사. 2015년.

최성민·최슬기. 알파벳의 발명: 문자의 기원을 향한 탐구의 역사. arte. 2024년.

하영삼. 허신과 ≪설문해자≫. 도서출판 3. 2014년.

한은수. 한자 자원 교육론. 서울 전통문화연구회. 2009년.

한학중. 간체자원리사전. 학민사. 2014년.

허세립·천소영. 한·중 언어문화론: 어원에 담긴 한·중 민족의 삶과 뿌리. 대원사. 2014년.

홍윤표. 한자 학습 문헌자료 연구. 태학사. 2022년.

홍인표. 중국의 언어정책. 고려원. 1994년.

황현숙. 인류의 기원: 리처드 리키가 들려주는 최초의 인간 이야기. 사이언스북스. 2005년.

[중문 자료]

刘建华. 汉字形态与构造. 语文出版社. 2010年.

刘月华. 现代汉语语法. 高等教育出版社. 2000年.

刘文彬. 文字的语言功能探析. 北京大学出版社. 2008年.

陆俭明. 汉语语法与修辞. 商务印书馆. 2006年.

陆德明. 古代汉字字形演变研究. 中华书局. 1997年.

李宇明. 汉语对外教学理论与实践. 外语教学与研究出版社. 2010年.

李宇明. 汉字文化的起源. 文化艺术出版社. 2007年.

孙　机. 汉字学. 高等教育出版社. 2000年.

孙隆基. 原始语言的起源与发展. 人民出版社. 1992年.

杨守敬. 汉字字形学. 中华书局. 1983年.

吴福元. 文字起源与结构探析. 中华书局. 2006年.

王小波. 汉字起源与发展. 商务印书馆. 2004年.

王　力. 汉字演变史. 商务印书馆. 1981年.

王　敏. 语言起源的跨学科探讨. 北京大学出版社. 2010年.

王宏源. 汉字字源入门. 社会科学文献出版社. 2019年.

俞启忠. 汉字学导论. 高等教育出版社. 2006年.

张广瑞. 汉语教学方法. 高等教育出版社. 2011年.

张亚中. 语言起源的新理. 高等教育出版社. 2018年.

钱玄同. 汉字与文化. 商务印书馆. 2002年.

郑振铎. 汉字与语言发展的互动关系. 人民文学出版社. 2002年.

周有光. 汉字与文字改革. 北京出版社. 1993年.

朱德熹. 汉语音节与拼音. 北京大学出版社. 2004年.

陈平塬. 文字起源论. 中华书局. 1995年.

陈平塬. 文字的语言学意义与未来. 中华书局. 2018年.

邹世骏. 汉字的演变. 中华书局. 2003年.

何兆武. 语言与文字:理论与实践. 高等教育出版社. 2010年.

许倬云. 汉字与汉语. 中华书局. 1999年.

许　慎. 说文解字. 中华书局. 2009年.

邢福义. 汉语句法. 高等教育出版社. 2002年.

黄永年. 汉字的歷史与变革. 商务印书馆. 1990年.

[영문 자료]

Daniel L, Everett. *How Language Began: The Story of Humanity's Greatest Invent
ion*. Liveright. 2017.

Derek, Bickerton. *Adam's Tongue: How Humans Made Language, How Language
Made Humans*. W. W. Norton & Company. 2014.

Ray, Jackendoff. *Patterns in the Mind: Language and Human Nature*. Basic Books.
1994.

John, H. Alexander. *The Evolution of the Alphabet*. Oxford University Press. 2005.

John, Laver. *Principles of Phonetics*. Cambridge University Press. 1994.

Michael, Tomasello. *Origins of Human Communication*. MIT Press. 2008.

Peter, T. Daniels & William Bright. *The World's Writing Systems*. Oxford Universi
ty Press. 1996.

Ray, Jackendoff. *Foundations of Language: Brain, Meaning, Grammar, Evolution*.
Oxford University Press. 2002.

Richard, Parkinson. *The Beginnings of Writing: A Comparative Study of Early Scri
pts*. Cambridge University Press. 2005.

Roger,D.Woodard. *The Ancient Languages of Mesopotamia, Egypt, and Aksum*.
Cambridge University Press. 2008.

Steven, Pinker. *The Language Instinct*. William Morrow and Company. 1994.

Steven, R. Fischer. *A History of Writing*. Reaktion Books. 2001.

언어와 문자

: 중국어와 한자

초판 1쇄 발행일 2025년 2월 26일

지은이 윤창준

펴낸이 박영희
편 집 조은별
디자인 김수현
마케팅 김유미
인쇄·제본 제삼인쇄

펴낸곳 도서출판 어문학사
주 소 서울특별시 도봉구 해등로 357 나너울카운티 1층
대표전화 02-998-0094 **편집부1** 02-998-2267 **편집부2** 02-998-2269
홈페이지 www.amhbook.com
e-mail am@amhbook.com
등 록 2004년 7월 26일 제2009-2호

X(트위터) @with_amhbook
인스타그램 amhbook
페이스북 www.facebook.com/amhbook
블로그 blog.naver.com/amhbook

ISBN 979-11-6905-042-5(93720)
정 가 15,000원